hugin

min mat

AV MONIKA AHLBERG

FOTO EWA-MARIE RUNDQUIST FORM NIKKO AMANDONICO

Bokförlaget Prisma
Besöksadress: Tryckerigatan 4
Box 2052
103 12 Stockholm
prisma@prismabok.se
www.prismabok.se

Bokförlaget Prisma
ingår i P.A. Norstedt & Söner AB, grundat 1823

Projektledning: Monika Ahlberg, Åse Inde,
Nikkobooks och Eva-Maria Westberg Förlagskonsult
Repro och tryck: Italgraf, Italien 2003
ISBN 91-518-4039-1

GRÄDDBAKADE HALLON
8 ägg
1 dl strösocker
6 dl vispgrädde
2 msk vaniljsocker
1 dl vetemjöl
SERVERING:

INNEHÅLL:

Beata, Rakel och jag "leker" med chokladsås.

Jag älskar att äta! *Ja, jag älskar även allt som går att äta och som hör måltiden till. Goda grönsaker och frukter med fin färg och fräsch doft, möra köttbitar, färska fiskar, vällagrade ostar i sällskap av ”riktiga” bröd och fruktiga viner, söta avslutningar, gärna en chokladbit till kaffet och, sist men inte minst, den trevliga samvaron kring måltiden.* ***När jag tänker efter så kretsar nästan allt jag gör kring mat.*** *Som kvällslitteratur kan jag under vissa perioder ha en kokbok på nattduksbordet. Och eftersom en av mina favoritmåltider under dagen är frukosten så äter jag den med stor aptit och helst under tystnad (paradoxalt nog är jag ganska morgontrött). Därefter går jag till mitt arbete som numera är mitt kök. Lunchen består oftast av en smörgås av något slag, inte för att jag inte är hungrig utan för att jag oftast ”äter i farten”. Middagen slarvar jag aldrig med. I min familj äter vi en lagad middag varje dag. Njutningen varierar förstås eftersom familjen nu innefattar tre barn i åldrarna tre, tre och sju. Som väl är känner jag att det blir bättre och bättre. Men det ska erkännas att jag ofta tänker på de italienska stora familjernas måltider som inte alls verkar innehålla de problem som existerar för mina barn vid middagsbordet vissa dagar.* ***”Det är klart”, säger William som är sju år,*** *”de får ju pasta varje dag!” Eller också är det så* som jag har hört sägas: en italienare arbetar för att kunna äta medan andra äter för att kunna arbeta. Med tanke på vad som sägs vågar jag nog påstå att min matsjäl är mer italiensk än något annat. **För mig är det inte heller endast ätandet som jag njuter av.** Jag tycker verkligen om att laga mat. Jag är väl egentligen inte så bra på att planera en måltid i förväg. Och recept följer jag nästan aldrig, inte ens mina egna. Råvarorna får bli inspirationen och här är jag noggrann. Det går inte att laga god mat med dåliga råvaror! Jag tillåter mig också att göra utsvävningar och avvikanden från recepten även vid de enklaste vardagsmåltiderna. **Så välkomna hem till mig och mitt kök.** Låt Er inspireras av ett par hundra recept. Alla är väl beprövade både som de är och med tillägg av personliga favoritingredienser. De är enkla att lyckas med eftersom jag alltid försöker att undvika eller helt enkelt plocka bort alltför tillkrånglade moment som inte ens märks på slutresultatet att man har utfört. Inspirationen kommer från Medelhavsländerna blandat med vårt svenska kök med några asiatiska inslag. Luta Er nu tillbaka och njut av ett rikt bildflöde av både mat, människor och natur.

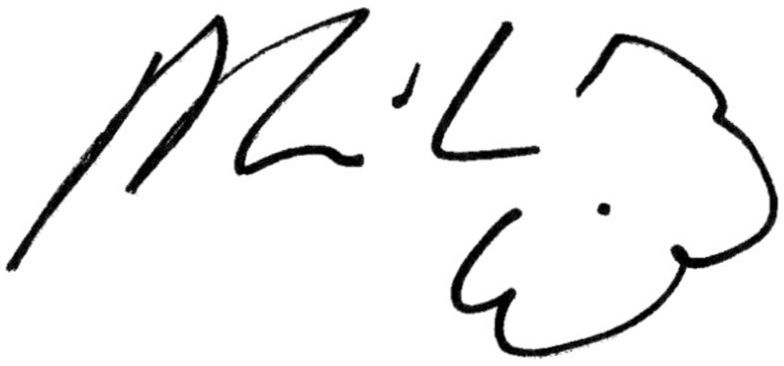

BRANDO

NÅGRA GODA RÅD

Den bästa vägen till att lyckas väl i köket är glädjens och inspirationens väg. Det finns väldigt få "måsten", det som känns rätt för utövaren ger oftast bäst resultat. Alla uppskattar en personlig matlagning, kanske för att den så ofta skiljer sig från det egna sättet att tillreda en rätt. Nedan har jag ställt samman några goda råd som kan vara värda att läsa eftersom de berättar om hur man lätt lyckas med rätterna i min bok. Här finns också information om hur de kan serveras.

Det första och kanske viktigaste att tänka på är vilka råvaror man väljer. Var kräsen och ställ krav i butiken. Det betalar sig alltid på slutresultatet.

I valet av vilken rätt som ska tillagas är säsongen viktig. Försök alltid att anrätta grönsaker, frukter och bär, vilt, fisk och skaldjur i "rätt" säsong. Numera går det visserligen att få tag på exempelvis de flesta grönsaker och bär mitt i vintern, men kvaliteten och priset motsvarar inte alls den nivå som man får då dessa befinner sig i säsong.

Vid kompositionen av en måltid är det viktigt att tänka på att inte bjuda på alltför "tunga" rätter efter varandra. En förrätt som serveras före en kraftig huvudrätt bör vara mycket lätt, mer som en aptitretare. Är huvudrätten däremot av enklare slag passar det bra med en mer mättande förrätt. När det kommer till desserten kan man vara lite mer flexibel eftersom det nästan alltid finns ett antal dessertälskare kring ett middagsbord.

Bufféer är mycket flexibla. Jag brukar hålla mig till regeln att grönsaksrätterna i princip kan vara hur många som helst. Men det bör alltid finnas en "huvudrätt" och ett gott bröd.

Glöm för all del inte att lägga lite tid på dukningen. En måltid är en totalupplevelse för alla sinnen där ögat liksom gommen bör få sitt. Det krävs inte något större besvär för att göra ett bord vackert och aptitligt. En välstruken duk, levande ljus och lite blommor, nypon, frukter eller löv som beroende på säsong ligger direkt på bordet är insatsen, och gästerna kommer att känna sig väl omhändertagna och varmt välkomna.

ANTALET PORTIONER

De flesta rätter i kapitlen "Smått och gott" och "Grönsaker och sallader" passar att servera på en buffé, som lunch eller förrätt. Här är det bara en fråga om att anpassa mängderna. Som lunch räcker de till cirka fyra personer, som förrätt till fyra-sex personer och serverade på en buffé åt cirka tio, beroende på hur många andra rätter som serveras.

I kapitlen "Fisk och skaldjur" och "Kött, fågel och vilt" finns några rätter som också passar bra på en buffé. De flesta är dock "middagsportioner" åt fyra-sex personer. Detta kan lätt förstås genom antalet fiskbitar eller köttbitar. Är däremot en stor lammstek eller hel laxsida angiven i receptet räcker den åt flera personer beroende på tillbehör och sällskapsrätter.

Ge Er nu iväg vidare i min bok. Använd fantasin och ha kul! För visst är det med matlagning som med att lära sig cykla, gå eller springa: det blir bara roligare ju mer man gör det!

Spindelkrabba
Koka vatten
salt
Koka upp vatten, salt.
Koka 20 minuter c:a
under lock. Sval Kyl i
spad.

GRÖNSAKER OCH SALLADER

På senare tid har det hänt mycket med grönsakerna i våra livsmedelsbutiker. Numera är vi erbjudna ett rikt utbud av olika och för många av oss "nya" grönsaker. Dessutom är det ganska lätt att få tag på grönsaker som odlats på ett hälsosamt sätt. Jag försöker alltid att köpa närodlade och ekologiska grönsaker. Om vi blir fler som ställer höga krav på kvaliteten kommer det bara att bli bättre och bättre. Det intressanta med grönsaksrätter är att även de som aldrig kan tänka sig att äta ett salladsblad oftast uppskattar dem när de serveras på en buffé. Jag har vid flera tillfällen under mina år på Rosendals trädgård diskuterat just grönsaksrätterna på menyn med oroliga "köttälskande" gäster. De har varit mycket bekymrade över antalet vegetariska rätter. Dock har det aldrig fått någon annan utgång än att just de som varit så tveksamma till dessa rätter tackat extra mycket för dem. Personligen är jag förtjust i grönsaker och sallader, inte minst för att variationsrikedomen är så stor. En enkel men fräsch sallad till köttbiten är just det där lilla extra som gör måltiden komplett. När jag går ut och äter på någon av stadens bättre restauranger beställer jag nästan alltid en liten blandad sallad även om det inte finns på menyn. Den säger nämligen rätt mycket om köket. Är den hastigt ihopslängd utan några spännande örter eller färger är fantasirikedomen i köket inte särskilt stor. Lyckosamt nog är den oftast komponerad av en fin blandning av fantastiska blad i olika färger i sällskap med några väl valda färska örter. Skär aldrig salladen i bitar utan riv den. Gör heller inte för små bitar av de övriga grönsakerna som ska ner i salladen. Det ser trevligare ut med lite större bitar av exempelvis gurka, tomat eller rädisa. ***Använd många olika färger både på salladsblad, tomater och örter.*** *Blanda väl men med stor försiktighet. Detta kan man i Frankrike, där det inte var så längesedan som det kom in en salladsflicka när någon beställt en sallad på restaurangen. Salladsflickan hade som enda uppgift att blanda salladen till gästen, varsamt med bara händerna!*

CRUDITÉ MED ÖRTRICOTTA

Fräscht till drinken. Fint ansade färska grönsaker doppas i krämig örtricotta. Blandade grönsaker, till exempel späda morötter, stjälkselleri, endiv, rädisor, blomkålsbuketter, romanescobuketter, minisparris, minigurka... allt efter tillgång och smak.

Örtricotta:
250 g ricotta
3-4 msk fint hackad dragon och gräslök
Örtsalt och nymalen svartpeppar

■ Ansa grönsakerna och skär de stora i mindre bitar. Placera dem i olika glas.
■ Rör ihop de finhackade örterna med ricottan. Smaka av med örtsalt och nymalen svartpeppar.

GRILLAD ZUCCHINI

Här kommer verkligen smaken fram vid grillningen. Ett gott tillbehör till allt slags kött och fisk.

2 stora zucchini
Olivolja
Gourmetsalt

■ Skär zucchinin i inte för tunna sneda skivor. Grilla skivorna några minuter på varje sida.
■ Lägg upp dem på ett fat och strö över gourmetsalt och några droppar olivolja.

BLANCHERADE RÄDISOR OCH KNIPPLÖK

Rädisor blir otroligt vackra när de kokas i någon minut, blancheras. Smaken blir också något mildare. Fint att ha på buffébordet.

Rädisor
Knipplök

Till servering:
God olivolja
Gourmetsalt

■ Koka rädisorna någon minut i vattnet tills de blivit ljust rosa. Tag upp dem och låt dem rinna av. Koka därefter knipplöken och låt den rinna av.
■ Lägg upp grönsakerna på ett fat och ställ fram olivolja och salt att doppa i.

GRILLAD ZUCCHINI OCH TOMAT

Den här rätten är lika god varm som kall.

3 zucchini, gärna i olika färger
3 bifftomater
1 knippe färsk timjan
1 dl olivolja
Salt och peppar

■ Skär zucchini och tomat i 1/2 cm tjocka skivor. Hetta upp ett grilljärn. Häll i olivolja och grilla skivorna några minuter på varje sida. Smaka av med salt och peppar.
■ Arrangera de grillade grönsaksskivorna på ett vackert fat. Droppa eventuellt över lite mer olivolja och garnera med färsk timjan.

GRÖN SPARRIS MED PARMASKINKA

Färsk sparris är en god primör om våren. Sparris inlindad i parmaskinka och gratinerad med parmesan är ett alternativ som passar utmärkt på buffén.

2 buntar grön sparris (24 sparrisar)
1 tärning grönsaksbuljong
50 g fint riven parmesan
12 långa skivor parmaskinka
Smör
Rivet skal av 1 citron

■ Ansa sparrisen, den behöver inte skalas. Koka upp buljongen i en kastrull. Lägg ner sparrisen och koka den i 4-5 minuter.
■ Häll av buljongen. Riv parmesanosten och dela varje skiva parmaskinka på två.
■ Rulla varje sparris i osten och linda sedan in den i en skinkskiva. Lägg sparrisarna i en smord ugnsfast form. Strö över resten av parmesanosten.
■ Gratinera sparrisen i 175° i c:a 7-8 minuter. Strö över rivet citronskal och servera.

UGNSTORKADE TOMATER MED SARDELLER

Tomaterna får fin smak av den långa torkningen i ugnen.

Drygt 1 kg kvisttomater, c:a 15 stycken
1 kruka färsk timjan
Gourmetsalt och nymalen svartpeppar
1/2 dl god olivolja

Till servering:
2 burkar (100 g) rullade sardeller
Jättekapris
Några kvistar persilja

■ Dela tomaterna i fyra delar. Bred ut dem på en plåt med bakplåtspapper. Strö över salt och svartpeppar. Finhacka timjan och strö även över den. Ringla till sist över oljan.
■ Baka tomaterna i ugn i 2 1/2 timme på 150°. Titta till dem och vänd dem eventuellt någon gång under tiden så att de inte bränns.
■ Fördela tomaterna på ett fat och garnera med sardeller, jättekapris och finhackad persilja.

GRILLAD AUBERGINE MED BASILIKAOLJA OCH PARMESAN

I sydligare länder finns många rätter med aubergine, med tomatsås, fyllda, ugnsbakade etcetera. Här följer en enkel rätt som passar bra på buffébordet, som förrätt eller som tillbehör till en köttbit.

3 auberginer
2 dl god olivolja
1 1/2 tsk torkad basilika
1 citron
2 vitlöksklyftor
Salt och nymalen svartpeppar
En bit parmesan

Till garnering:
Några blad färsk basilika

■ Skär auberginerna i tunna skivor på längden. Placera dem på ett stort fat. Strö över salt och låt dem stå i någon timme så att all vätska tränger ut. Skölj och torka av dem.
■ Grilla varje skiva i en grillpanna på båda sidor så att de får ett vackert rutmönster.
■ Riv skalet av citronen och pressa ur saften. Blanda med olivolja och basilika. Smaka av med salt och peppar.
■ Lägg upp aubergineskivorna i en cirkel på ett stort fat. Ringla över oljan. Gör flisor av parmesan och strö ut dem.
■ Garnera med några färska basilikablad.

Variation:
Servera de grillade auberginerna med tomatsåsen på sid. 193. Riv till sist över rikligt med parmesan.

KRONÄRTSKOCKOR MED GETOSTSMÖR

Buljongkokta kronärtskockor med rört smör är en enkel delikatess. Smör smaksatt med getost är en god variation. Blir det lite smör över är det gott till kokta rödbetor och till grillat kött.

Föregående uppslag: *Grillad zucchini och tomat, grön sparris med parmaskinka, ugnstorkade tomater med sardeller, grillad aubergine med basilikaolja och parmesan samt kronärtskockor med getostsmör.*

6 kronärtskockor
2 tärningar av grönsaksbuljong

Getostsmör:
100 g rumsvarmt smör
100 g getost

■ Koka upp en stor kastrull med buljong.
■ Koka skockorna i c:a 20 minuter.

Getostsmöret:
■ Kantskär osten och rör ihop den med smöret till en smidig röra.

UGNSBAKAD FÄRSK RÖDLÖK

Rödlöken kan bytas ut mot färsk vitlök.

Grovt havssalt till formen
4-5 röda lökar
150 g smör
1 knippe timjan

■ Bred ut saltet i en ugnsfast form.
■ Tag bort det yttersta skalet på lökarna och dela dem i kvartar.
■ Baka lökarna i 200° varm ugn i 20-30 minuter.
■ Smält smöret tillsammans med några repade timjankvistar och häll det över lökarna.
■ Garnera med mer timjan.

CHÈVRE-SLUNGADE ÄRTOR

Så enkelt, men oh så gott!

2 paket (400 g) frysta gröna ärtor
En rejäl skiva chèvre

■ Koka ärtorna enligt anvisning på paketet. Kantskär chèvren och smula ner osten i de heta ärtorna. Servera genast på ett buffébord eller som tillbehör till stekt torsk med rödbetsrisotto.

Se bild sid. 120

STEKT SPARRIS MED PARMESAN, PESTO OCH SOLTORKAD TOMAT

Ett annorlunda men enkelt sätt att tillaga sparrisen på. Servera som förrätt, lunchrätt eller som ensamrätt på ett buffébord. En brödbit passar bra till.

2 1/2 bunt sparris (c:a 30 sparrisar)
1 stor ask (100 g) rucolasallad
100 g marinerade soltorkade tomater
Några skedar god olivolja
Några stänk balsamvinäger
Örtsalt

Till servering:
Nyhyvlad parmesan
Några kvistar fransk dragon
1-2 dl grön pesto (se recept sid. 192)

■ Börja med att göra peston.
■ Skär sparrisen i sneda bitar, ungefär 3 cm långa. Hetta upp olivolja i en stekpanna och stek sparrisen i några minuter under omrörning. Tillsätt rucolan och tomaterna. Stek ytterligare någon minut.
■ Skvätt över lite balsamvinäger och smaka av med örtsalt.
■ Lägg upp allt på ett fat och hyvla över parmesanosten. Ringla över peston och garnera med fransk dragon.

ROQUEFORT-GRATINERADE SKOGSCHAMPINJONER ELLER FALSKA SNIGLAR

Svampar tillagade som sniglar.

20 stora skogschampinjoner
50 g smör
125 g roquefortost
2-3 pressade vitlöksklyftor
1 tsk örtsalt
1 msk limesaft

Till garnering:
Finhackad persilja

■ Bryt loss fötterna på svamparna. Vispa ihop övriga ingredienser och fyll hattarna. Gratinera i ugn på 225° i 10 minuter.
■ Garnera med finhackad persilja och servera med vitt bröd.

GRILLAD MARINERAD PAPRIKA

Gott till allt slags grillat kött eller fisk eller på en sallad med en bit bröd.

6 röda paprikor
6 vitlöksklyftor
1/2 msk torkad oregano
1/2 msk salt
Olivolja

■ Grilla paprikorna i ugnen på 225° i 15 minuter. Lägg dem att svalna i plastpåse. Skala dem.
■ Dela dem i skivor på längden. Lägg skivorna på ett fat med en kant tillsammans med lätt krossade vitlöksklyftor, oregano och salt.
■ Häll på någon deciliter olivolja och låt marinera över natten. Vänd gärna någon gång under tiden.
■ Servera paprikorna eller lägg dem på en väl rengjord burk tillsammans med oljan. Se till att den täcker paprikorna.

GRATINERADE SPARRISKNIPPEN MED MANGOSALSA

Det bästa av det mesta! Sparris, parmaskinka, mozzarella och mango. Enkelt, gott och friskt. Börja med salsan eftersom den blir godare om den får stå och dra några timmar före serveringen.

2 1/2 bunt sparris (c:a 30 sparrisar)
1 tärning grönsaksbuljong
6 skivor parmaskinka
6 skivor mozzarella
25-50 g smör

Salsa:
1 väl mogen mango
1 röd paprika
1 gul paprika
2 tomater
1 liten röd lök
3 vitlöksklyftor
Några kvistar färsk basilika
1 dl god olivolja
Örtsalt och nymalen svartpeppar

■ Ansa sparrisen, den behöver inte skalas. Koka upp buljongen och lägg ner sparrisen. Låt koka i 4-5 minuter.
■ Dela upp sparrisen i 6 knippen. Rulla in varje knippe i en skiva parmaskinka.
■ Smörj en ugnsfast form med smör och lägg ner sparrisknippena. Placera en skiva mozzarella på varje knippe. Hyvla till sist över smöret på knoppar och stjälkar.
■ Gratinera i ugn på 200° i 10 minuter.

Salsan:
■ Kärna ur mangon och paprikorna. Finhacka löken mycket fint. Mango, paprikor, tomater och basilika lite "halvfint". Blanda alltsammans och rör ner oljan. Smaka av med örtsalt och nymalen svartpeppar.
■ Låt salsan stå och dra i ett par timmar innan den skedas upp runt sparrisen.

SALLAD PÅ BLODAPELSIN, FÄNKÅL OCH OLIVER

För ett tiotal år sedan bodde jag ett halvår på Sicilien. Där serveras ofta en insalata di arance, en sallad vanligtvis gjord på blonda apelsiner, fänkål och silverlök. Denna sallad har inspirerat till en egen lite mer färgstark variant på blodapelsin, rödlök, fänkål och svarta oliver.

4+1 blodapelsiner
1 fänkålsstånd
1 stor röd lök
2 msk saffransvinäger eller vitvinsvinäger
C:a 1/2 dl god olivolja
Salt och nymalen rosépeppar

Till garnering:
Svarta oliver
Några kvistar färsk röd basilika

■ Skiva alla apelsiner utom en i 1/2 cm tjocka skivor. Tag bort eventuella kärnor. Bred ut skivorna på ett fat.
■ Strimla fänkålshjärtat på längden och skär löken i tunna ringar.
■ Pressa saften ur den resterande apelsinen och blanda den med vinäger och olivolja. Vispa några kraftiga tag och smaka av med salt och rosépeppar.
■ Vänd fänkålsstrimlorna i såsen och fördela dem sedan ovanpå apelsinskivorna tillsammans med lökringarna. Häll över såsen och garnera med svarta oliver och röd basilika.

BLOMMANDE SALLAD

En riktig sommarsallad gjord på olika späda salladssorter och massor av ätliga blommor, till exempel tagetes, krasse, penséer, rosenblad, isop, ringblommor och solrosor. En dressing på hallonvinäger och mild olivolja passar bra till. Receptet räcker till en stor skål på buffébordet.

1 ask (150 g) machésallad
1 kruka sareptasenap (rödaktig rucolasallad) eller 1 liten ask rucolasallad om 50 g
2 krukor röd basilika
1/2 liter ätliga blommor

Dressing:
1/2 dl hallonvinäger
1 1/2 dl mild olivolja
Örtsalt

■ Blanda salladssorterna med blommorna i en skål.
■ Vispa ihop dressingen. Smaka av och häll den över salladen.

Se bild sid. 155

ROMANSALLAD MED PARMESAN OCH PINJENÖTTER

Romansallad, parmesan och rostade pinjenötter... en sådan blandning kan inte bli annat än en god sallad.

2 huvuden romansallad
100 g parmesan
1 burk (c:a 20) marinerade soltorkade tomater
2 dl pinjenötter
Saft av 2 citroner
1 dl god olivolja
Salt och nymalen svartpeppar

■ Dela salladen i 3 cm breda bitar. Riv flisor av parmesanosten på ett rivjärn. Blanda ner den i salladen tillsammans med de marinerade soltorkade tomaterna.
■ Rosta pinjenötterna hastigt i torr het stekpanna. Rör om så att de inte bränns.
■ Vispa ihop citronsaft och olivolja. Smaka av med salt och nymalen svartpeppar. Häll dressingen över salladen och fördela pinjenötterna ovanpå.

CAPRESEVARIATION MED MANGO

Ett underbart alternativ till den klassiska rätten caprese, med mozzarellaost och tomat. Här har jag bytt ut tomaten mot mango.

3 påsar minimozzarella (Bocconcini di mozzarella) à 125 g
2 väl mogna mango
8-10 skivor serranoskinka
1 liten ask (50 g) rucolasallad
1 påse (50 g) färsk spenat
Några stjälkar mynta
Några stjälkar citronmeliss
3-4 msk balsamvinäger
C:a 1 dl god olivolja
Salt och nymalen svartpeppar

■ Dela mangofrukterna och tag bort kärnorna. Skiva dem i klyftor.
■ Riv rucola och spenat i mindre delar. Bred ut dem på ett fat. Fördela mozzarella, mango och serranoskivor över salladen. Finhacka kryddörterna och strö över dem.
■ Skvätt till sist över balsamvinäger och någon deciliter olivolja. Salta och peppra rikligt.

GRILLAD PAPRIKA MED OLIVER OCH FETAOST

Grillad paprika får en fin smak och sötma som passar bra tillsammans med fetaost. En bra rätt på buffén men också som sommarlunch, då i sällskap av sallad och ett gott bröd.

C:a 10 röda paprikor
2 vitlökar i klyftor
5 röda lökar
4 jalapeños
Lite olivolja

Honungsvinägrett:
1 1/2 dl god olivolja
1/2 dl vitvinsvinäger
3-4 msk flytande honung
2 pressade vitlöksklyftor
Salt och nymalen svartpeppar
300 g fetaost
2 tsk torkad basilika

■ Bred ut paprikor, vitlök, lök och jalapeños på en plåt. Häll över lite olivolja och grilla i ugn på 225° i c:a 15 minuter. Vänd runt grönsakerna då och då. Låt dem svalna. Lägg paprikorna i plastpåse för att svalna, så går de lätt att skala.
■ Skala paprikorna och dela dem i mindre bitar. Skala vitlöksklyftorna och hacka jalapeños grovt. Dela de röda lökarna i klyftor. Blanda alla grönsakerna på ett fat.

Honungsvinägretten:
■ Vispa ihop alla ingredienserna kraftigt.

■ Fördela fetaosten bland grönsakerna. Tillsätt basilikan. Häll över såsen och servera.

WOKADE BRYTBÖNOR OCH HARICOTS VERTS MED CASHEWNÖTTER

En trevlig rätt på buffébordet men också som lunchrätt tillsammans med couscous eller jasminris.

2-3 msk sesamolja
1 1/2 dl saltade cashewnötter
1 msk smör
500 g brytbönor och haricots verts blandade
2 vitlöksklyftor
1 bit färsk ingefära
5 stora röda mangoldblad
1 påse (50 g) färsk spenat
1-2 msk söt soja, ketjab manis
1/2-3/4 dl pressad citronsaft
2 msk grovt hackad bladpersilja

■ Hetta upp oljan i en wokpanna eller stekpanna. Lägg ner nötterna och woka i 3-4 minuter.
■ Ansa bönorna och lägg ner dem i pannan tillsammans med smöret. Woka ytterligare 4-5 minuter eller tills bönorna mjuknat något men fortfarande har tuggmotstånd.
■ Pressa ner vitlöken, riv ingefäran och tillsätt sojan och citronsaften.
■ Grovhacka den röda mangolden och blanda ner den i pannan tillsammans med spenaten. Rör om i några minuter. Vänd till sist ner den grovt hackade persiljan.

BÖNSALLAD MED PUMPAFRÖN

Ju fler olika sorters bönor och ärtor desto rikare på färger blir denna rätt som passar bra på ett bufFébord.

500 g spritade olika färska bönor och ärtor
1 påse (225 g) minimorötter
2 färska rödlökar eller 4 salladslökar
Några kvistar färsk rosmarin
Några kvistar bladpersilja
1 dl hastigt rostade pumpafrön
Gourmetsalt och nymalen svartpeppar

Dressing:
1/2 dl rödvinsvinäger
1 tsk dijonsenap
1 1/2 dl god olivolja
Salt och nymalen svartpeppar

Till servering:
2 påsar (100 g) färsk spenat

■ Börja med att vispa samman dressingen eftersom den ska hällas över de heta bönorna för bästa smak.
■ Koka upp vatten i en stor kastrull. Tvätta morötterna. Koka sedan bönorna och ärtorna i knappt 10 minuter tills de mjuknat men fortfarande har tuggmotstånd. När 5 minuter återstår tillsätts morötterna. Häll av vattnet och lägg bönorna, ärtorna och morötterna i en skål.
■ Häll över drygt hälften av dressingen och rör om. Smaka av med salt och peppar.
■ Skiva lök, grovhacka rosmarin och bladpersilja. Tillsätt det till bönsalladen tillsammans med pumpafröna och rör om. Ställ salladen att svalna.
■ Arrangera bladspenaten på ett fat. Fördela bönblandningen ovanpå och servera tillsammans med resten av dressingen i en skål bredvid.

LÅNGBÖNOR MED CITRONGRÄDDE

Långa, goda och dekorativa bönor. Jag serverar dem med citrongrädde.

1 påse (c:a 20) långbönor
1 tärning grönsaksbuljong
5 dl vispgrädde
Rivet skal av 1 citron
Salt och nymalen svartpeppar

■ Koka upp buljongen och lägg ner bönorna. Låt koka i c:a 10 minuter. Häll av buljongen.
■ Koka upp grädden. Tillsätt citronskalet. Smaka av med salt och svartpeppar.
■ Häll grädden över de varma bönorna och servera genast.

FÅROSTSALLAD

Jag har inga tomater i salladen utan färska, fina rödbetor.

8 små rödbetor
1 tärning grönsaksbuljong
1 huvud lollo rosso
1 liten ask (50 g) rucolasallad
4 paket (600 g) fårost
2 röda lökar
1 kruka röd basilika
1-2 dl svarta oliver

Dressing:
1/2 dl rödvinsvinäger
2 dl god olivolja
2 tsk dijonsenap
Örtsalt

■ Koka upp buljongen. Koka rödbetorna knappt mjuka i c:a 15-20 minuter. Skala dem under rinnande kallt vatten. Dela dem i skivor.
■ Skölj och riv salladen i mindre bitar. Lägg upp dem på ett fat. Bryt fårosten i inte alltför små bitar och fördela dem på fatet tillsammans med rödbetsskivorna.
■ Skiva rödlöken tunt och lägg den överst tillsammans med basilika och oliver.
■ Vispa ihop ingredienserna till dressingen kraftigt. Häll över den och servera salladen.

Föregående uppslag: *Wokade brytbönor och haricots verts med cashewnötter, bönsallad med pumpafrön och långbönor med citrongrädde.* ***Nästa sida:*** *Marinerad fetaost och fårostsallad.*

Biffsallad med asiatisk smak. ***Nästa sida:*** *Scampisallad.*

SCAMPISALLAD

Grillade kräftstjärtar på en salladsbädd av späda salladssorter serveras med avokadokulor, bondbönor och pesto. En fräsch sommarrätt.

30 råa scampi, beräkna 3-4 per person
2 msk smör
1 tärning grönsaksbuljong
20 hela bondbönor
2 avokado
1-2 lime
1 ask (150 g) machésallad
1 ask mangoldskott eller annan sallad av späda skott
1 dl grön pesto (recept sid. 192)

Till garnering:
Röda basilikablad

■ Fräs scampin i smöret tills den fått en vacker röd färg. Koka upp buljongen och koka bönorna i 5-10 minuter. Låt rinna av.
■ Dela och kärna ur avokadon. Tag ut små kulor med en melonkulformare. Pressa över rikligt med limesaft så behåller de den fina gröna färgen.
■ Fördela salladssorterna på ett fat. Sprid ut scampin. Tag ut bönorna från skidorna och blanda ner dem i salladen. Fördela avokadokulorna och ringla över peston. Garnera med röda basilikablad.

BIFFSALLAD MED ASIATISK SMAK

Det asiatiska köket är egentligen ingenting för mig. Jag är förälskad i olivolja, basilika och vitlök som hör hemma i länderna kring Medelhavet, men inspirerad av matmodet har jag börjat experimentera med det asiatiska kökets ingredienser. Här får lime, mynta, koriander och ingefära trängas med basilika i en matig sallad på biff. Den kan serveras varm, ljummen eller kall.

600 g rostbiff, oxfilé eller entrecôte

Marinad:
1/2 dl ketjab manis (söt soja)
5 cm riven ingefära
4 krossade vitlöksklyftor
1/4 dl limesaft

Sallad:
1 liten ask (50 g) rucolasallad
1 liten ask (50 g) machésallad
1 huvud ekbladssallad eller lollo rosso
1 dl mangoldskott
Några kvistar mynta
Några kvistar koriander
1 kruka basilika
1 gurka
2 morötter

Dressing:
2-3 röda chilifrukter, till exempel spansk peppar
3-4 limeblad
1/2 dl ketjab manis (söt soja)
1/2 dl limesaft
1/2 msk råsocker

■ Putsa köttet fritt från senor och hinnor. Skär det i 1/2 cm tjocka skivor på längden. Blanda alla ingredienser till marinaden och lägg ner köttet att marinera i c:a 1 timme.
■ Grilla skivorna i en grillpanna 1-2 minuter på båda sidorna. Det ska inte vara helt genomstekt utan vackert rosa inuti.
■ Blanda salladssorterna och de färska kryddorna på ett stort fat eller i en skål. Skala gurkan och morötterna. Hyvla dem i långa skivor på längden.
■ Skiva köttskivorna i 1 cm breda strimlor på längden och fördela dem i salladen tillsammans med gurk- och morotsskivorna.

Dressingen:
■ Dela chilin på längden och tag bort de små fröna. Strimla den och limebladen tunt. Vispa ihop soja, limesaft och råsocker. Tillsätt chilin och limebladen.
■ Häll dressingen över salladen och servera.

CAESARSALLAD

En riktig klassiker. Ibland vill jag ha en mer matig sallad, då serverar jag den med grillade eller stekta kycklingfiléer.

2 krukor romansallad
2 påsar 100 g färsk spenat
1 paket (150 g) bacon
1 röd lök
Ev. 2 stora kycklingfiléer
Olivolja till pannan
Salt och nymalen svartpeppar

Dressing:
2 äggulor
2 tsk dijonsenap
2 vitlöksklyftor
4 sardeller
2 dl matolja eller rapsolja
Nymalen svartpeppar och ev. salt

Brödkrutonger:
5 skivor formbröd
1 pressad vitlöksklyfta
1 msk smör
1 msk god olivolja

Till servering:
50 g parmesan

■ Skölj och riv sallad och spenat i bitar. Skär baconet i små bitar eller strimlor. Stek dem knapriga och låt dem rinna av på ett hushållspapper. Skiva löken tunt.
■ Grilla eller stek de eventuella kycklingfiléerna. Låt dem svalna och skär dem i långsmala skivor.

Dressing:
■ Lägg äggulorna i en mixer tillsammans med senap, vitlök och sardeller. Mixa och tillsätt oljan lite i taget så att det blir en tjock dressing. Smaka av

med svartpeppar och salt om det behövs.

Brödkrutonger:

▪ Kantskär bröden och dela dem i tärningar. Värm smör och olja i en stekpanna. Stek brödtärningarna gyllenbruna tillsammans med den pressade vitlöksklyftan.

▪ Arrangera sallad, bacon och rödlök på ett fat. Häll över dressing och strö till sist över brödkrutongerna och hyvlad parmesanost.
▪ Fördela kycklingskivorna om de ska serveras.

RATATOUILLE

En praktisk och god rätt. Den passar lika bra att servera varm som kall. Detta är en något förenklad version av en äkta ratatouille, där alla grönsaker alltid bryns var för sig.

2 aubergine (c:a 1/2 kg)
Salt
2 zucchini (c:a 1/2 kg), gärna en gul och en grön
1-1 1/2 dl olivolja
4 gula lökar i klyftor
2 röda paprikor
2 gröna paprikor
2 droppar rödvinsvinäger
8 vitlöksklyftor
1 kg tomater
2 lagerblad
1 tsk torkad timjan
Örtsalt
Nymalen svartpeppar

▪ Tärna auberginen grovt och strö över salt för att dra ur vätskan. Låt stå i 20 minuter. Skölj och torka av väl.
▪ Dela zucchinin på längden och skiva den sedan.
▪ Hetta upp 3/4 dl olivolja i en stor tjockbottnad gryta. Bryn aubergine och zucchini var för sig i omgångar och låt rinna av på hushållspapper.
▪ Dela löken i klyftor, paprika och tomat i grovt hackade bitar. Tillsätt ny olja till grytan, c:a 3/4 dl. Fräs löken i 3-5 minuter, tillsätt paprikan och fräs i ytterligare 6-10 minuter under omrörning.
▪ Tillsätt rödvinsvinägern, lagerbladen, timjan och tomathacket. Pressa ner vitlöken. Låt sjuda i 5 minuter. Rör om då och då.
▪ Rör ner aubergine och zucchini. Låt sjuda ytterligare 10-15 minuter tills ratatouillen kokat ihop och alla grönsaker tagit smak av varandra.
▪ Smaka av med örtsalt och nymalen svartpeppar.

Se bild sid. 204

SOMMARBUFFÉ I VILLA MOTOWI

Kuvertbröd med oregano och torkad rödlök, champinjoner à la grecque, paprikarulle, gul och röd tomatsallad, friterad minimozzarella med lime och goda vänners panna med svartrot.

CHAMPINJONER À LA GRECQUE

En god svamprätt som passar till allt. Lika god både till kött och fisk, men kanske allra bäst på buffén. Jag brukar använda kastanjechampinjoner när de finns att få tag på, men det går lika bra med vanliga champinjoner.

4 dl vatten
1 dl god olivolja
Saften av 1 citron
Några kvistar timjan
4-5 lagerblad
5-6 pressade vitlöksklyftor
1/2 msk paprikapulver
Drygt 1 dl tomatpuré
1/2 dl vitt vin
1 dl grovt hackad persilja
700 g kastanjechampinjoner eller vanliga champinjoner
Salt och nymalen svartpeppar

■ Blanda vatten, olivolja, citronsaft, timjan, lagerblad, vitlök, tomatpuré, paprikapulver och vitt vin i en gryta. Låt småkoka i 8-10 minuter.
■ Tillsätt persilja och champinjoner. Rör om. Låt sjuda ytterligare 4-5 minuter. Smaka av med salt och peppar.
■ Låt champinjonerna stå och "dra" i några timmar eller under natten innan de serveras.

GODA VÄNNERS PANNA MED SVARTROT

Detta är en lättlagad panna som kan göras med de grönsaker och svampar som finns i kylen. Basen är färsk lätt smörstekt spenat och stekta svartrötter. Just i denna panna har jag också fänkål, kantareller och soltorkade tomater.

4 påsar (c:a 200 g) färsk spenat
8 svartrötter
2 stånd fänkål
400 g kantareller
10-15 marinerade soltorkade tomater
Smör till stekning
Salt och nymalen svartpeppar

■ Tag bort stjälkarna på spenaten. Värm smör i en stekpanna. Stek spenaten hastigt, den ska inte bli helt stekt. Tag upp den och lägg den på ett fat.
■ Värm nytt smör i pannan. Skala svartrötterna och dela dem i c:a 5 cm långa bitar. Stek dem nästan mjuka i c:a 15-20 minuter.
■ Skiva fänkålen och tillsätt den till svartrötterna de sista 5 minuterna.
■ Värm nytt smör i pannan och stek kantarellerna i 6-7 minuter. Smaka av med salt och svartpeppar.
■ Blanda alla grönsakerna på fatet. Grovhacka de soltorkade tomaterna och strö över dem.

PAPRIKARULLE

Dekorativa skivor av en "rulltårta" gjord på ugnsbakade paprikor. De kan serveras som de är på en bädd av rucolasallad på ett buffébord eller på en liten rostad brödskiva till drinken.

3 röda paprikor
3 gula eller orange paprikor
1 påse (50 g) spenat
Några kvistar basilika eller persilja

Till garnering:
150 g gorgonzola

Till servering:
1 baguette
God olivolja
Alternativt rucolasallad

■ Skär paprikorna i halvor och tag bort de små fröna. Grilla dem i ugnen i 5-10 minuter tills skalet svartnar. Lägg paprikorna i en plastpåse och låt dem svalna. Drag bort skalet.
■ Tag bort stjälkarna från spenatbladen och förväll dem mycket hastigt i kokande vatten. Låt dem rinna av väl, klappa dem torra och låt dem svalna.
■ Lägg ut plastfolie på arbetsytan. Platta ut de röda paprikorna. Lägg dem omlott i form av en rektangel. Lägg spenatbladen och persiljan eller basilikan ovanpå. Platta ut de gula eller orange paprikorna och lägg dem som ett sista lager.
■ Rulla ihop rullen hårt på längden, på samma sätt som när man gör en rulltårta. Tag hjälp av plastfolien. Vrid om noga i ändarna och svep om ett extra lager folie. Lägg rullen kallt i några timmar.
■ Skär upp rullen i inte alltför tunna skivor och servera antingen på en bit rostad baguette penslad med olivolja eller på en bädd av rucolasallad. Smula över gorgonzolan i båda fallen.

GUL OCH RÖD TOMATSALLAD

Färgglatt och fräscht tillbehör på buffébordet. Jag använder helst rumsvarma kvisttomater som har en söt och fin smak.

6 gula tomater
6 röda tomater
2 röda lökar
1 kruka röd basilika
1 kruka grön basilika
50 g små niçoiseoliver eller andra oliver

Dressing:
1 dl god olivolja
Knappt 1/4 dl balsamvinäger
Salt och nymalen svartpeppar

■ Skiva tomaterna och rödlöken. Repa basilikan. Blanda tomater, rödlök, basilika och oliver på ett fat.
■ Vispa ihop ingredienserna till dressingen och häll den över salladen.

Gräddbakade hallon och papaya med vaniljglass.

Rakel äter dessert.

BRUS

BUFFÉFÖRSLAG

Att bjuda in till buffé är ett bra sätt att klara ett större antal gäster, även om man naturligtvis kan servera en buffé även till ett fåtal. Det är ett skönt sätt att umgås på. Människor förblir rörliga och pratsamma under hela måltiden. Maten brukar vara ett stort samtalsämne eftersom ett buffébord har goda chanser att se generöst och tilltalande ut på grund av mångfalden av rätter. Det finns egentligen ingen anledning att överarbeta buffébordet. Låt maten tala för sig själv. När den är placerad på väl utvalda fat på ett bord med en vacker duk, vin i karaffer och levande ljus, kan även den mest ordinära salladen se ut som ett konstverk. Låt inte heller bufféer endast höra sommaren till. Visst känns det enklare att kunna duka ett bord ute i trädgården under den ljusa delen av året, men en höstbuffé när mörkret börjar lägga sig och naturen är klädd i alla sina röda löv kan vara nog så lockande. En eld i en järngryta välkomnar gästerna till bords. Här nedan följer fyra bufféförslag som alla passar att servera året runt. De kan naturligtvis kombineras på andra sätt. En blandad grönsallad passar alltid och är ett gott tillbehör på alla slags buffébord.

BUFFÉ 1

Till drinken:
Crudité med örtricotta, sid. 20

Buffén:
Kuvertbröd med oregano och torkad rödlök, sid. 205

Paprikarulle, sid. 43

Gul och röd tomatsallad, sid. 43

Champinjoner à la grecque, sid. 43

Heta räkor i filoknyten, sid. 102

Friterad minimozzarella med lime, sid. 183

Goda vänners panna med svartrot, sid. 43

Ugnsstekt hel, fylld kyckling (sid. 143) och ugnsbakad färsk rödlök (sid. 25).

Gräddbakade hallon och papaya, sid. 228

BUFFÉ 2

Till drinken:
Svarta kaviarägg på rosenblad, sid. 183

Buffén:
Baguetter på durumvete, sid. 205

Gratinerade sparrisknippen med mangosalsa, sid. 27

Grillad aubergine med basilikaolja och parmesan, sid. 24

Sallad på blodapelsin, fänkål och oliver, sid. 29

Grillad paprika med oliver och fetaost, sid. 30

Gratinerade blåmusslor, sid. 113

Sallad på oxfilé i skålar av gurka, sid. 184

Blommande sallad, sid. 29

Ugnsbakad lax med pesto och ljummen potatissallad, sid. 129

Passionsparfait, sid. 208

BUFFÉ 3

Till drinken:
Bruschetta x 3, sid. 174

Buffén:
Små havrebaguetter med pumpafrön, sid. 202

Smördegsmånar med spenat, grädde och chèvre, sid. 173

Parmaskinka med färska fikon, sid. 169

Svamp på vinlöv med sidfläsk, sid. 184

Halstrade pilgrimsmusslor på rucolabädd med stekt sparris, sid. 114

Ugnsbakade rotfruktspaket, sid. 60

Kycklingfilé med rucolapesto, sid. 141

Guldcouscous för många, sid. 67

Små fruktpajer med vanilj, sid. 214

BUFFÉ 4

Till drinken:
Tre snittar av pumpernickel, sid. 170

Buffén:
Vinbladsdolmar med mozzarella och röd pesto, sid. 173

Parmaknyten med fikon och soltorkad tomat, sid. 178

Buljongkokta gul- och polkabetor med gräslök, sid. 60

Romansallad med parmesan och pinjenötter, sid. 29

Grillad scampi med pesto och aioli, sid. 109

Helstekt entrecôte, sid. 156

Bakad sötpotatis, sid. 153

Vaniljparfait, sid. 208

Chokladtryffel, sid. 229

POTATIS OCH ROTFRUKTER

Potatisen har i flera hundra år haft en central roll i vårt svenska kök. Det var under 1600-talets mitt som läkaren och botanisten Olof Rudbeck odlade en frodig växt med vita blommor i en kruka. Växten hade han fått från Holland, men från början kom den från Andernas högländer i Sydamerika. Den kallades peruviansk nattskatta. När han upptäckte de stora knölarna bland rötterna var det inte alldeles självklart att dessa skulle ätas eftersom många starkt giftiga växter som exempelvis belladonna och bolmört hörde till samma familj, Solanaceae, *som också kallas potatisfamiljen. Från början var det bönderna som först odlade och åt potatisen i Sverige. Men efter det att dr Charles Emil Hagdahl i mitten av 1800-talet skrivit om potatisrätter i sin kokbok accepterades den även av det högre samhällsskiktet. Ingen ville numera missa denna delikatess. För som han skrev: "Det har alltid varit så att äfven det bästa, som erbjudits menniskorna, i alla tider haft att kämpa mot fördomar och oförstånd." Vid sidan av att koka potatis och rotfrukter finns det många sätt att tillreda våra knölar och rötter. Att ugnsbaka, woka, grilla och steka ger alla ett gott resultat. Och glöm för all del inte att råriva. Gamla klassiker som fint riven kålrot med lingonsylt, riven rotselleri, majonnäs och kapris eller rivna rödbetor, morötter och kålrötter är alla sallader av råkost som förtjänar att komma fram på våra bord igen. Ge barnen en morot att knapra på någon gång. Erbjud dem rätter som rårakor och potatisplättar som alternativ till kokt potatis och potatismos. De kommer att gilla det. Jag lovar!*

DILLSLUNGAD POTATIS

Gott om sommaren när vi har vår fina färskpotatis. Passar bra till sill och all slags fisk. Enkelt att göra till många på en buffé.

1 1/2 kg färskpotatis
1 stort knippe dill
1 röd lök
50 g smör
2-3 msk kapris

■ Borsta potatisen och dela den om den är stor. Koka den nästan mjuk i saltat vatten.
■ Finhacka dillen och rödlöken.
■ Häll av vattnet från potatisen. Tillsätt smöret, dillen och löken. Blanda väl. Strö till sist över kaprisen och servera.

BLOMMANDE POTATISSALLAD

En färgglad potatissallad till sommarens buffébord. Jag brukar blanda färskpotatis och den blåvioletta potatisen Blå Kongo, det ser fint ut.

1 kg färskpotatis
1 kg Blå Kongo
1 huvud rosésallad
1 stor ask (100 g) rucolasallad
2 röda lökar
2 dl svarta oliver utan kärnor

Till garnering:
1/2 liter ätliga blommor, till exempel krasse, isop, ringblommor, gurkört, gräslöksblommor eller violer

Dressing:
1/2 dl balsamvinäger
1 1/2-2 dl god olivolja
2 msk dijonsenap
1/2 tsk salt
1/2 tsk persillade eller annan salladskrydda
1 litet knippe gräslök

■ Koka potatisen i c:a 15 minuter, lite kortare än vanligt. Skala den och dela den i klyftor eller tjocka skivor.
■ Skölj och riv salladsbladen i mindre bitar. Skiva löken tunt. Blanda sallad, oliver, lök och potatis i en skål.
■ Vispa ihop vinäger, olja, senap, salt och persillade till en slät och fin dressing i en skål eller kör den i mixer. Den blir lite tjockare än vanlig dressing i konsistensen. Önskas den tunnare kan den spädas med lite vatten. Klipp till sist ner gräslöken. Häll dressingen över potatissalladen och garnera med rikligt av ätliga blommor.

FÄRSKPOTATIS MED SVART OCH RÖD KAVIAR

Den svenska färskpotatisen är en verklig delikatess. I detta recept kan den dock ersättas med små jämnstora potatisar av annan sort och av god kvalitet även om smaken blir mindre primörlik.

10-15 färskpotatisar
1 burk crème fraiche
1 röd lök
Några kvistar dill
1 stor burk (100 g) svart stenbitsrom
1 stor burk (100 g) röd stenbitsrom

■ Nagga potatisen med en gaffel och placera den i en ugnsfast form.
■ Baka den mjuk i ugnen på 200° i c:a 40 minuter. Låt den svalna något.
■ Finhacka den röda löken och dillkvistarna. Blanda ner hälften av den hackade löken och dillen i crème fraichen.
■ Skär ett kryss i varje potatis. Lägg i en klick crème fraiche och stenbitsrom. Strö till sist över resten av löken och dillen.

RÅRAKOR PÅ SÖTPOTATIS MED RÖD OCH SVART KAVIAR

Sitt namn till trots är sötpotatis på intet vis någon potatis, men likt vanlig potatis innehåller den rikligt med stärkelse, och därför går det bra att göra rårakor även på dessa. Jag blandar dock med vanlig potatis för att inte smaken ska bli alltför söt.

2 sötpotatisar
6-8 fasta potatisar
1 vitlöksklyfta
Örtsalt
Smör till stekning

Till garnering:
Några kvistar persilja

Till servering:
2 stora burkar (200 g) stenbitsrom, 1 röd och 1 svart
5 dl crème fraiche (två små burkar eller en stor)
1 fint hackad röd lök

■ Riv sötpotatis, potatis och vitlöksklyftan på ett rivjärn. Blanda det i en bunke tillsammans med örtsalt.
■ Smält rikligt med smör i en teflonpanna. Stek i omgångar två stora (en per panna) eller åtta små rårakor på medelvärme i några minuter på varje sida tills de blir gyllenbruna. Pressa lite på dem under stekningen med en stekspade. Det är viktigt att inte göra för tjocka rårakor. Stektiden blir då längre.
■ Garnera med grovt hackad persilja.
■ Lägg upp kaviar, crème fraiche och fint hackad rödlök. Servera genast till de varma rårakorna.

RÅRAKOR MED FORELLROM

En frasig och god förrätt som är mycket lätt att laga. Den kan göras lyxigare med löjrom om så önskas.

5-6 potatisar av fast sort
Smör till stekning
Salt

Till servering:
3 dl gräddfil eller crème fraiche
1 röd lök
200 g forellrom
1 knippe dill
1 citron i klyftor

■ Riv potatisen på ett rivjärn. Värm upp en panna med smör.
■ Stek portionsstora kakor av potatisriv. Pressa lite på dem med en stekspade så att de blir tunna och fina. Stek dem gyllenbruna på båda sidor på inte alltför hög värme.

Till servering:
■ Häll upp gräddfilen eller crème fraiche och rom i en skål. Finhacka rödlöken. Dekorera med en dillkvist och en citronklyfta och servera.

Buljongkokta gul- och polkabetor med gräslök.

Ugnsbakade rotfruktspaket.

Marstrand. Thommy blickar ut över havet.

UGNSBAKADE ROTFRUKTSPAKET

Paket av vinterns rotfrukter som blir vackrare ju fler olika färger grönsakerna har. Morötter finns ju blå, gula och orange och gulbetor och polkabetor kan vara en variation på rödbetorna. Ingredienserna kan också bestämmas av de egna favoriterna bland rotfrukterna. Paketen serveras som ett alternativ till potatis eller som ensamrätt på buffébordet. Då gärna med sällskap av en basilikacrèmefraiche (se sid. 192). Det blir c:a 12 paket av receptet.

4-5 morötter, gärna i olika färger
4-5 rödbetor polkabetor, och/eller gulbetor
2 palsternackor
2 sötpotatisar
1 liten bit kålrot
10-12 vitlöksklyftor
1 bit purjolök
1/2 dl olivolja
50 g smält smör
Salt och nymalen svartpeppar

■ Tvätta rotfrukterna och skär dem i c:a 1 1/2 cm stora kuber. Skala vitlöksklyftorna och strimla purjolöken (dela vitlöksklyftorna om de är stora). Blanda grönsakerna med olivolja, smör, salt och peppar.
■ Fördela dem på 10-12 ark av bakplåtspapper, c:a 25x25 cm. Vik upp kanterna och vrid runt.
■ Lägg paketen tätt på en plåt. Baka rotfrukterna i 40-45 minuter i 200°.

BULJONGKOKTA ROTFRUKTER MED VINÄGRETT

Mycket enkelt, vackert och gott. Kan serveras som tillbehör vid sommargrillen eller som ensamrätt på ett buffébord. Valet av rotfrukter styrs av tillgång och smak. Det blir fint att blanda många olika färger.

Rotfrukter och andra grönsaker, till exempel gulbetor, rödbetor, morötter, fänkål och broccoli
2 tärningar grönsaksbuljong

Vinägrett:
1/2 dl vitvinsvinäger
1 1/2 dl god olivolja
Ett par vitlöksklyftor
1 tsk dijonsenap
Salt och nymalen svartpeppar
Ev. några färska örter

■ Skölj, skala och ansa grönsakerna. Koka dem inte alltför mjuka i buljongen.

Vinägretten:
■ Kör alla ingredienser i en mixer till en ganska tjock och simmig sås. Häll den över de heta grönsakerna.

BULJONGKOKTA GUL- OCH POLKABETOR MED GRÄSLÖK

Ett färgstarkt tillbehör vid grillen eller som rätt på buffébordet. Det går naturligtvis bra att använda vanliga röda betor.

1 kg gulbetor
2-3 polkabetor
1 tärning grönsaksbuljong

Till servering:
1 knippe gräslök
God olivolja
Gourmetsalt

■ Koka betorna i buljongen i 20-30 minuter beroende på storlek. De ska fortfarande ha lite tuggmotstånd när de är klara.
■ Skala och skiva dem. Bred ut dem på ett fat. Strö över fint hackad gräslök och gourmetsalt. Skvätt till sist över lite olja.

OLIVOLJESLUNGADE MINIMORÖTTER

Minimorötter slungade i olivolja med flingor av salt är ett enkelt och trevligt tillbehör till de flesta varmrätter.

1 kg minimorötter
1 dl olivolja
Gourmetsalt

■ Koka morötterna några minuter i lättsaltat vatten. Häll av vattnet. Tillsätt olivoljan och rikligt med gourmetsalt. Rör om.

Se bild sid. 154

RÖDBETOR MED CHÈVRE

Få ingredienser passar så bra för varandra som rödbetor och chèvre. Det här receptet räcker till 10-12 personer på ett buffébord.

2 kg rödbetor
2 tärningar grönsaksbuljong
250 g chèvre

Till garnering:
Basilika eller bladpersilja

■ Koka rödbetorna i buljongen tills de är nästan mjuka. Skala dem och dela dem om de är stora. Lägg upp dem på ett fat. Smula över chèvre och garnera med basilika eller persilja.

Rödbetor med chèvre.

GRYN OCH PASTA

Säg Italien och de flesta människor tänker genast på pasta, pizza eller polenta. Numera kan man finna ett paket spagetti i de flesta människors skafferi och pastan är en populär maträtt i många länder. Men då bildar pastarätten tillsammans med en sallad och en brödbit för det mesta en fullständig måltid. I Italien däremot äts pastan oftast som en förrätt följd av en kött- eller fiskrätt. Dessutom vill italienarna gärna ha en liten aptitretare, antipasto, före pastan, lite frukt efter huvudrätten och sedan en dessert. Det var just denna kolossala matmängd som förvånade mig mest när jag första gången besökte Italien. Efter ett tag lärde jag mig dock att äta som en italienare och uppskattar det fortfarande. Det blir egentligen inte så mycket mer mat, var sak har bara fått sin plats och måltiden får ta lång tid. En typiskt svensk rätt med kött, sås och potatis följd av dessert skulle bli på samma sätt om vi åt potatisen först, köttet och lite sallad sedan, och som avslutning en frukt och dessert. Vi skulle då hinna att umgås och njuta ordentligt under middagen. Att göra egen pasta kan i början verka både komplicerat och alltför tidskrävande. Men med lite övning och en bra pastamaskin går det ganska fort och smidigt. Se er inte blinda på hur resultatet blir estetiskt. Lägg vikten vid att göra pastan så tunn och jämn som möjligt. Se till att fylld ravioli är ordentligt hopsatt i kanterna så att fyllningen inte åker ut under kokningen. Smaken blir så mycket bättre med hemlagad pasta. Naturligtvis går de flesta av mina recept att tillaga med köpt torkad pasta. Det är väl egentligen bara "öppen ravioli" som kräver sitt hantverk.

De mängder som angivits i pastarecepten är beräknade för 4–5 personer som en huvudrätt i svenska mått. Ska de bjudas som förrätt eller på buffé räcker de till flera personer. Buon appetito!

HELT VETE MED RÖDBETOR

Helt vete är väldigt gott och användbart. Det kan ätas varmt i stället för ris, ljummet eller kallt som en sallad. Det är också en bra rätt att ha på buffébordet. Min rätt med vete är smaksatt med rödbetor och en honungs- och senapssås.

4 1/2 dl helt vete
9 dl vatten
Salt
Några kvistar färsk mejram
6 rödbetor
1 1/2 dl senaps- och honungsdressing (recept se sid. 192)

▪ Skölj vetet och blötlägg det i kallt vatten i c:a 10 timmar.
▪ Koka upp det i blötläggningsvattnet och låt det sedan sakta koka tills kornen spricker upp, det tar c:a 1 1/2 timme. Rör om då och då.
▪ Det får inte koka torrt, tillsätt mer vatten om det ser ut att vara för lite.
▪ Tillsätt salt och mejram och ställ det åt sidan att svälla under lock i c:a 2 timmar.
▪ Riv rödbetorna och rör ner raspet tillsammans med dressingen.

Se bild sid. 204

POLENTA MED PESTO OCH STEKT SVARTROT

Polenta är mycket vanligt i det italienska köket. Den görs av torkad majs. Det går utmärkt att förbereda polentan dagen innan och sedan steka eller grilla den följande dag.

5 dl vatten
1 tsk salt
2 dl polentagryn
50 g smör
50 g nyriven parmesan
1 äggula, kan uteslutas
Lite olja till formen och till pensling
250 g svartrot
Smör till stekning
Salt och nymalen peppar

Till servering:
1 dl grön pesto, se sid. 192
Hyvlade skivor av parmesan

Polentan:
▪ Koka upp vattnet med saltet. Tillsätt polentagrynen och låt dem koka under ständig omrörning i 20 minuter tills det blir slätt som en tjock gröt.
▪ Tag kastrullen från värmen. Rör ner smöret och den rivna parmesanosten. Tillsätt eventuellt en äggula som ger vacker färg.
▪ Häll upp polentan i en form penslad med lite olja och släta till ytan. Ställ kallt och låt stelna.
▪ Skär ut trekanter av polentan och pensla dem med olja. Grilla eller stek bitarna gyllenbruna på båda sidor.

Svartrötterna:
▪ Skala och ansa svartrötterna. Dela dem en gång på längden och några gånger på tvären. Stek dem mjuka i smör. Smaka av med salt och peppar.

Servering:
▪ Lägg upp polentan på ett fat. Fördela svartrot, pesto och hyvlad parmesan ovanpå.

Parmaskinka med jättekapris och örtolja (sid. 178) är ett annat gott tillbehör till polentan.

Polenta med pesto och stekt svartrot.

GULDCOUSCOUS FÖR MÅNGA

Couscous är praktisk buffémat, inte minst för att den är lätt att tillreda åt många gäster men också för att den kan serveras kall. Jag smaksätter min couscous med saffran som ger den en vacker guldgul färg. Det här blir en stor sats som räcker åt c:a 10 personer på en buffé.

9 dl vatten
2 tärningar grönsaksbuljong
2 kuvert (1 g) saffran
8 dl couscous
3 vitlöksklyftor
3 msk olivolja
1 gul paprika
2 orange paprikor
1 knippe färsk mynta
1 knippe persilja
Saften av 1 citron
Saften av 1 lime
Ev. salt

Till garnering:
Det rivna skalet av 1 citron
Det rivna skalet av 1 lime
1/2 dl av myntan och persiljan

▪ Koka upp vattnet och tillsätt buljongtärningarna och saffran. Koka ytterligare någon minut så tärningarna löser sig. Häll buljongen över couscousgrynen och låt stå och svälla i c:a 5 minuter.
▪ Skala och finhacka vitlöksklyftorna. Mjuka upp dem i en stekpanna med oljan på inte alltför hög värme.
▪ Skölj, kärna ur och dela paprikorna i bitar. Lägg ner dem i några minuter i stekpannan med vitlöken och rör om.
▪ Finhacka myntan och persiljan. Spar 1/2 dl till garnering. Blanda samman couscous, vitlök, paprikor och det mesta av örterna. Pressa ner citron- och limesaft. Rör om.
▪ Garnera med citrusskalen och örterna.

PASTA ALLA NORMA

En god pastarätt med aubergine. Jag lagar den med stora penne eller stora böjda makaroner, lumaconi regati.

500 g penne eller lumaconi regati
2 medelstora auberginer
Salt
1 kg körsbärstomater, gärna på kvist
1 dl god olivolja
4 vitlöksklyftor
2 tsk strösocker
1 röd chilifrukt, till exempel spansk peppar
1 kruka grovhackad basilika
Salt och nymalen svartpeppar

Till servering och garnering:
Nyriven parmesan
Svarta oliver
Färska basilikablad

▪ Skär auberginerna i 1/2 cm tjocka skivor. Bred ut dem på ett stort fat. Salta skivorna och låt dem ligga i en halvtimme så att all vätska tränger ut.
▪ Skålla och skala tomaterna, dela dem i halvor eller kvartar. Finhacka vitlöken. Kärna ur och hacka chilin.
▪ Skölj auberginerna noga och torka av dem. Stek dem i hälften av olivoljan på båda sidor tills de är genomskinliga. Lägg skivorna på hushållspapper att rinna av.
▪ Fräs vitlöken i resten av olivoljan på inte alltför hög värme. Tillsätt chili, tomat, basilika och socker. Låt puttra i några minuter.
▪ Koka pastan i rikligt med saltat vatten. Blanda ner tomatsås och auberginer.
▪ Servera med parmesan, salt, svartpeppar, oliver och färska basilikablad.

PASTASALLAD MED CAESARDRESSING

Pastasallad är praktisk mat. Rester blir åter delikatesser i en pastasallad med god dressing. Fantasin kan flöda fritt. Det mesta passar i en pastasallad.

500 g fusili, gärna i olika färger
Rester av till exempel kyckling
2 krukor romansallad
12 marinerade soltorkade tomater
1-2 msk kapris
Svarta oliver

Dressing:
2 äggulor
2 tsk dijonsenap
2 pressade vitlöksklyftor
4 finhackade sardeller
2 dl rapsolja
Salt och nymalen svartpeppar

Till servering:
Hyvlad parmesan

▪ Koka pastan och spola den kall.
▪ Riv romansalladen i bitar och lägg dem på ett fat. Blanda ner kyckling, tomater, kapris och oliver.

Dressingen:
▪ Se till att alla ingredienser har rumstemperatur. Rör ihop äggulor, senap, vitlök och sardeller. Tillsätt oljan försiktigt under omrörning. Smaka av med salt och peppar.
▪ Häll dressingen över salladen. Hyvla ner parmesanost och servera med ett gott bröd.

Pastasallad med Caesardressing, lantbröd av råg och pasta alla Norma.

PASTA MED PESTO x 3

En äkta pesto genovese är gjord på basilika och har en grön färg. Som variation bjuder jag på pesto i tre olika färger: grön traditionell, röd på tomat och svart på oliver.

Grön pesto:
2 krukor basilika
2-3 vitlöksklyftor
50 g pinjenötter
1 dl riven parmesan
1-1 1/2 dl olivolja av god kvalitet
Salt och nymalen svartpeppar

■ Kör alla ingredienser i en mixer. Tillsätt oljan sist och lite i taget tills peston fått lagom konsistens. Smaka av med salt och peppar.

Röd pesto:
2 dl tomatpuré
4 vitlöksklyftor
1 1/2 dl färska basilikablad
1 dl nyriven parmesan
1-1 1/2 dl god olivolja
Salt och nymalen svartpeppar

■ Kör alla ingredienser i mixer. Tillsätt olivolja lite i taget till lagom konsistens. Smaka av med salt och svartpeppar.

Svart pesto:
3 dl urkärnade svarta oliver
1 msk kapris
Saft av 1/2 citron
4 vitlöksklyftor
1 dl nyriven parmesan
1-1 1/2 dl god olivolja
Salt och nymalen svartpeppar

Till garnering:
Grovhackade valnötter

■ Kör alla ingredienser i mixer. Tillsätt oljan lite i taget till lagom konsistens. Smaka av med salt och svartpeppar.
■ Garnera med grovt hackade valnötter.

■ Servera såserna till het nykokt pasta, gärna med ett gott bröd och ett glas rödvin. Använd färsk eller torkad spagetti eller papardelle.

SVART PASTA MED FRITERAD SALVIA OCH CITRONSÅS

En pasta som är en fröjd för både öga och gom! Önskas något tillbehör är det gott med kalvkött, kräftstjärtar eller lax till.

500 g svart pasta
1 citron
50 g smör
1 1/2-2 dl vispgrädde
Salt och nymalen svartpeppar

Till fritering:
1 knippe salvia
Raps- eller solrosolja

■ Tvätta citronen. Skär bort skalet och strimla det fint. Skalet ska användas till garnering. Dela citronen och pressa saften ur en halva.
■ Smält smöret. Blanda ner citronsaft och grädde. Låt koka upp. Smaka av med salt och peppar.

Fritering:
■ Värm oljan. Prova med en liten bit vitt bröd när det är dags att fritera. Det ska bli gyllenbrunt. Var lite försiktig vid friteringen, ha alltid ett lock tillhands och fläkten avstängd. Fritera de hela salviabladen hastigt och låt dem rinna av på hushållspapper.

■ Koka pastan. Häll över såsen och garnera med citronskal och friterade salviablad.

BAVETTE MED HJÄRTMUSSLOR

När det finns hjärtmusslor i min butik kan jag inte motstå att laga denna goda pastarätt. Får man inte tag i bavette, som är ett slags tunnare platt spagetti, går det bra att använda vanlig spagetti.

500 g bavette
1 nät (1 kg) hjärtmusslor
1 burk (400 g) körsbärstomater
2 vitlöksklyftor
1 röd chilifrukt, till exempel spansk peppar
1-1 1/2 dl olivolja
2 dl vitt vin
1/2 dl vatten
1 knippe slätbladig persilja
Salt och nymalen vitpeppar

▪ Rensa musslorna och skölj dem i vatten. Kasta dem som inte sluter sig.
▪ Häll bort spadet från tomaterna och grovhacka vitlöken. Finhacka och kärna ur chilin. Fräs alltsammans i hälften av olivoljan i en stor kastrull där hela rätten kan rymmas.
▪ Häll i vinet och vattnet. Finhacka stjälkarna på persiljan och tillsätt dem till grytan. (Persiljebladen ska hackas och användas till garnering.) Rör hela tiden så att vitlöken inte får för mycket färg, då blir den besk.
▪ Lägg i musslorna och låt dem koka tills de öppnat sig.
▪ Koka under tiden pastan i rikligt med saltat vatten. För över musslorna till ena sidan av kastrullen. Tillsätt resten av olivoljan till musselspadet och lägg ner pastan. Skaka runt kastrullen på italienskt maner så att allt blandar sig väl. Smaka av med salt och peppar. Till sist strös grovhackade blad av persilja över.

ÖPPEN RAVIOLI

En mycket vacker och delikat rätt som jag serverar som förrätt på en middag. Lite pyssel är det, så det kanske inte ska vara alltför många gäster till bords. Det går också att använda färska köpta pastaplattor till det här receptet.

Pastadeg enligt grundreceptet, sid. 75
Basilikablad att kavla in i pastadegen

Fyllning:
2 röda paprikor
50 g smör
8-12 scampi, råa
2 kuvert (1 g) saffran
Salt och nymalen svartpeppar

Till servering:
Hyvlad parmesanost

▪ Gör pastadegen enligt grundreceptet. Kavla ut den färska pastan tunt. Pensla halva biten med vatten och täck den med hela basilikablad. Vik över den andra delen och fortsätt att kavla tills bladen syns genom den lövtunna pastadegen. Skär ut kvadrater, c:a 12x12 cm. Låt vila på en bakduk i en timme.
▪ Rosta paprikorna i ugn på hög värme tills de svartnat i skalet. Lägg dem i en plastpåse att svalna. Skala, kärna ur och hacka dem ganska fint. (Detta kan göras i förväg.)
▪ Fräs scampin i smöret i c:a 5 minuter. Den ska bli rosaröd. Salta och peppra. Tillsätt saffran mot slutet och rör om.
▪ Koka pastan i 2-4 minuter i rikligt med saltat vatten. (Hur länge den ska koka beror på hur tunt kavlad den är.)
▪ Lägg upp pastan på fat. Fördela scampi och paprika ovanpå. Hyvla till sist över några skivor parmesan.

LEN GRÖNPRICKIG RAVIOLI

En ravioli med len fyllning. De gröna prickarna kommer av örter som bakas in i degen.

Pastadeg enligt grundreceptet, sid. 75
1/2 dl fint hackad basilika och salvia att tillsätta till pastadegen då den bakas

Fyllning:
250 g ricottaost
100 g hackad färsk spenat eller urkramad fryst
Riven muskotnöt
Salt och nymalen svartpeppar

Till servering:
100-125 g smör
1 kruka basilika
Parmesan

▪ Gör pastadegen enligt grundreceptet, men tillsätt basilika och salvia till äggen innan de blandas in i mjölet.
▪ Dela pastan i två bitar. Kavla ut dem mycket tunt.
▪ Blanda ingredienserna till fyllningen. Spritsa ut fyllningen i små klickar i rader med 5-6 cm mellanrum på den ena utkavlade pastabiten. Lägg över den andra biten och tryck till mellan varje fyllning.
▪ Skär ut raviolibitar med en degsporre och tryck till kanterna ordentligt med en gaffel. Låt raviolin torka på en handduk i c:a 1 timme. Koka den i c:a 5 minuter i rikligt med saltat vatten.

Servering:
▪ Smält smöret. Hacka basilikan grovt och tillsätt den. Slå örtsmöret över den nykokta raviolin och hyvla över lite parmesan. Servera.

Föregående uppslag: *Bavette med hjärtmusslor och öppen ravioli.* ***Nästa sida:*** *Len grönprickig ravioli.*

Rakel och Beata äter spagetti med köttfärssås och pasta hö och halm.

SPAGETTI MED KÖTTFÄRSSÅS

Jag har mycket tomater i min köttfärssås och låter den koka länge på spisen med lagerblad. Det ger mycket smak.

1 liten purjolök
2 vitlöksklyftor
God olivolja
300 g nötfärs
2 burkar (400 g) krossade tomater
1/2 tub tomatpuré
1 dl vatten
Några färska basilikablad
2 lagerblad
Salt och nymalen svartpeppar
Ev. en skvätt rött vin
Nyriven parmesan

▪ Skölj och strimla purjolöken. Krossa vitlöken. Värm olivoljan i en gryta. Lägg ner purjolök och vitlök och låt det bli mjukt.
▪ Tillsätt färsen. Bryn den. Blanda ner övriga ingredienser utom vinet. Låt puttra långsamt på spisen i c:a 30–40 minuter. Tillsätt till sist en skvätt vin och smaka av med salt och peppar.
▪ Servera med nykokt pasta och gärna med nyriven parmesan.

PASTA HÖ OCH HALM

En pastarätt inspirerad av spagetti carbonara.

500 g pasta
1 paket (150 g) bacon
100 g svamp
2 vitlöksklyftor
3 dl vispgrädde
1 dl frysta gröna ärtor
Nymalen svartpeppar

Till servering:
Nyriven parmesan

▪ Koka pastan.
▪ Dela baconet i centimeterstora bitar. Skiva svampen och vitlöksklyftorna. Fräs i en panna på inte alltför hög värme i c:a 5 minuter.
▪ Tillsätt grädden och ärtorna. Koka upp. Smaka av med rikligt av svartpeppar.
▪ Häll såsen över den heta pastan och servera gärna med parmesan, ett gott bröd och ett glas rödvin.

GRUNDRECEPT PÅ RISOTTO

Risotto är mycket gott till både kött och fiskrätter. Den kan också serveras som ensamrätt med sallad som enda tillbehör. För att lyckas få den rätta krämigheten på risotton är hemligheten att tillsätta buljongen lite i taget, att fylla på i omgångar när den kokat in. Detta brukar ta c:a 20 minuter totalt. Det kräver lite passning, men det blir stor skillnad mot att tillsätta all buljong på en gång. Den vanligaste smaksättningen i Italien är den som kallas milanese. Det är med saffran som ju också ger en fin färg.

400 g avorioris
2–3 schalottenlökar
2 vitlöksklyftor
2 msk olivolja
50 g smör
1 liter hönsbuljong
1 dl vitt vin

Till servering:
50–75 g riven parmesan
Nymalen peppar och ev. salt

▪ Skölj riset under rinnande vatten. Finhacka schalottenlök och vitlök.
▪ Hetta upp hälften av smöret och oljan i en stor gryta. Lägg ner vitlök och lök. Låt den bli mjuk utan att ta färg.
▪ Koka upp buljongen.
▪ Tillsätt riset till lökhacket och rör om. Häll i 3 dl av den heta buljongen och låt den koka in. Rör om nästan hela tiden. Häll på ny buljong och upprepa tills all buljong kokat in.
▪ Tillsätt vinet och resten av smöret. Precis före servering rörs parmesanosten ner. Smaka av med peppar och eventuellt salt.

För risotto milanese:
▪ Tillsätt 1–2 kuvert saffran när buljongen tillsätts.

Varianter:
Se också recept på rödbetsrisotto sid. 120 och risotto med svarta oliver sid. 119.

GRUNDRECEPT PÅ PASTA

5 dl durumvetemjöl eller vetemjöl special
4 stora ägg eller 5 små, rumsvarma
1 msk god olivolja
1 nypa salt

▪ Gör en ring av mjölet. Placera olja och ägg i mitten. Blanda in detta gradvis i mjölet med fingertopparna.
▪ Forma degen till en boll och knåda den slät och elastisk. Tag lite mer mjöl om det behövs.
▪ Knåda återigen degen till en boll. Tillsätt saltet och låt degen vila i rumstemperatur under en uppochnervänd skål i en timme.
▪ Dela bollen i 3–4 delar. Mjöla dem lätt och kör degen i en pastamaskin, alternativt kavla den för hand.
▪ Börja med valsarna långt ifrån varandra. Vik ihop degen i tre delar och kör den igenom maskinen igen. Flytta valsarna närmare efter hand till det smalaste läget, eller till något av de smalaste. Tag eventuellt mer mjöl om degen kladdar.
▪ När pastan är så tunt kavlad som det går ska den hänga över ett kvastskaft uppsatt mellan två köksstolar att torka i 5–10 minuter innan den skärs till önskade former. Låt sedan den färdigskurna pastan torka minst en timme innan den kokas.

SOPPOR

Soppor känns på något sätt som bortglömd mat att laga till själv hemma. Kanske beror det på att det numera är så enkelt att öppna en konservburk och bara värma... En allmän mening tycks också vara att det är ganska "tråkig mat" och inget man bjuder hem vännerna på en fredagskväll. (Så även min egen för ett par år sedan.) Dessutom skulle soppor vara komplicerade att tillaga. Inget kunde vara mer fel! En vällagad soppmiddag blir alltid succé! Vem kan motstå en ljuvligt len soppa på avokado toppad med löjrom eller en grön ärtsoppa, så kallad Crème Ninon, med äkta champagne? De flesta soppor är oftast mycket enkla att tillreda, även till flera gäster. Många soppor mår dessutom bra av att tillagas dagen före och att stå och dra till sig mer smak över natten. Soppor är perfekt säsongsmat, robusta på senhösten och vintern. På våren och sommaren serverar jag lite lenare, lättare soppor. En del kan serveras både kalla och varma beroende på årstiden. Jag tänker då till exempel på en mustig tomatsoppa som är härlig att äta het en kylig dag om vintern men också isande kall en varm sommardag. Som alltid är det själva grunden som avgör hur resultatet kommer att bli. Satsa på bra råvaror, en god buljong och nymalda kryddor. Fräs grönsakerna i smör eller olivolja och inte i margarin. Man behöver inte reda en soppa med mjöl. Jag använder oftast endast grädde som redning, ibland blandad med en äggula. Det ger en god och fyllig smak. En mixer är ett nödvändigt redskap om man som jag vill ha lite fylligare konsistens på soppan. Tillbehören är också mycket viktiga. Här kan fantasin flöda fritt. Något litet att tugga på i form av krutonger, miniråråkor eller friterade grönsaker julienne (skurna i mycket tunna strimlor) slår aldrig fel. Ett glas sherry, punsch eller champagne att dricka till förgyller även den enklaste soppa, och glöm för all del inte det goda brödet att både bryta och doppa!

AVOKADOSOPPA MED LÖJROM

En fin soppa som serveras kall eller ljummen och som passar bäst som inledning på en måltid.

7 dl hönsbuljong
3 avokador
Saften av 1 citron
1/2 dl torrt vitt vin
2 dl vispgrädde
Salt och nymalen svartpeppar

Till servering:
100 g löjrom
4 citronskivor
1 knippe gräslök

■ Koka upp buljongen och låt den kallna.
■ Dela, kärna ur och gröp ur avokadorna. Kör dem i mixer tillsammans med citronsaften.
■ Blanda ner vinet och den kalla buljongen.
■ Vispa grädden och vänd ner den i soppan. Smaka av med salt och nymalen svartpeppar. Värm eventuellt upp soppan något om den ska serveras ljummen.
■ Servera med en klick löjrom, citronskiva och fint hackad gräslök.

HUMMERSOPPA

En hummersoppa känns alltid lite lyxigt men är inte alls svår att göra.

2 kokta humrar
1/2 purjolök, endast det vita
1/2 palsternacka
1 liten bit rotselleri
2 morötter
3 msk smör
5 msk vetemjöl
1 liter god fiskbuljong
4-5 dl vitt vin

Till smaksättning:
Salt och nymalen vitpeppar
Paprikapulver
1-2 dl vispgrädde
1 msk smör
Eventuellt 1 msk konjak

■ Klyv humrarna och tag försiktigt ur köttet ur skal och klor. Skär det i bitar. Lägg undan några fina bitar som ska sparas till garnering.
■ Ansa och skär grönsakerna i mindre bitar. Fräs dem i smöret i några minuter tillsammans med det mesta av hummerköttet.
■ Pudra ner mjölet. Späd med buljongen och vinet. Låt soppan sjuda i 15-20 minuter. Rör om ganska ofta så att den inte bränner fast.
■ Passera soppan genom en sil eller passersikt. Häll tillbaka den i grytan.
■ Smaksätt med salt, nymalen vitpeppar och paprikapulver. Till sist blandas vispgrädde, smör och eventuellt konjak ner.
■ Värm soppan och garnera med det resterande hummerköttet.

GUL TOMATSOPPA MED LIME OCH PARMESAN

En vacker soppa på gula tomater som naturligtvis också kan göras på röda. Den är lika god varm som kall.

Drygt 1 kg väl mogna gula tomater
1 gul lök
1 msk smör
2 msk god olivolja
6 dl höns- eller grönsaksbuljong
Saften av 1 lime
Salt och nymalen svartpeppar
1-2 tsk strösocker

Till servering:
C:a 50 g parmesan
Det rivna skalet av 2 lime
Ev. 50 g pinjenötter

■ Skålla och skala tomaterna. Finhacka löken och fräs den hastigt i smör och olivolja. Tillsätt tomater och buljong. Låt allt puttra under lock på svag värme i c:a 10-15 minuter.
■ Mixa soppan i mixer till slät konsistens. Smaka av med kryddorna och limejuicen.
■ Servera med nyriven parmesan och limeskal. Rosta eventuellt pinjenötterna i en torr stekpanna och strö dem över soppan.

POTATIS- OCH PURJOLÖKSSOPPA

Kallas också för det franska namnet Vichyssoise. Potatis och purjolök blandas med buljong och vispgrädde till en god soppa. Den kan serveras såväl varm som kall.

5-6 potatisar
3 purjolökar
3-4 msk smör
7 dl höns- eller grönsaksbuljong
3 dl mjölk
Salt och nymalen vitpeppar
1-2 dl vispgrädde

Till garnering:
1 knippe gräslök

■ Skala och skiva potatisen ganska tunt. Strimla det vita på purjolökarna. Fräs allt i smör på svag värme i några minuter tills det blivit mjukt utan att ta färg.
■ Häll på buljongen och mjölken. Låt koka under lock på svag värme tills potatisen faller sönder.
■ Kör soppan i mixer till slät konsistens. Smaka av med salt och nymalen vitpeppar.
■ Vispa grädden och vänd ner den i den varma soppan. (Om soppan ska serveras kall ställs den i kylskåp när den har svalnat och grädden vispas ner precis före serveringen.)
■ Klipp över gräslöken och servera.

GULDSOPPA

En morotssoppa som fått namn av sin vackra färg.

7-8 morötter, knappt 1 kg
1 röd lök
1-2 msk smör
1 liter grönsaksbuljong
1 1/2 tsk torkad dragon
1-2 dl vispgrädde
Salt och nymalen vitpeppar

Till garnering:
Några blad färsk dragon

■ Skala och skiva morötterna. Finhacka rödlöken och fräs den i smöret på svag värme tills den blir mjuk utan att ha tagit färg.
■ Tillsätt buljong, morötter och torkad dragon. Låt koka i 15 minuter.
■ Mixa alltsammans i en mixer till slät konsistens. Häll tillbaka i grytan och späd med vispgrädde. Smaka av med salt och nymalen vitpeppar.
■ Häll upp i skålar och garnera med blad av färsk dragon.

RÖDBETSSOPPA MED GETOSTCRÈME OCH BACON

Borsjtj är det ryska namnet på rödbetssoppa, som är en mycket vanlig rätt i Ryssland. Jag bjuder getost och knaperstekt sidfläsk eller bacon till min soppa. Det smakar fint ihop med den söta rödbetan.

1/2 kg färska rödbetor
3 msk smör
2 röda lökar
1 stor morot
1,2 liter grönsaksbuljong
3 lagerblad
1 1/2 msk rödvinsvinäger
Salt och nymalen svartpeppar

Till servering:
100 g sidfläsk eller bacon
1 knippe bladpersilja
100 g getost
2 dl crème fraiche

■ Skala rödbetorna, lökarna och moroten. Finstrimla lökarna och fräs dem mjuka i smöret i en järngryta.
■ Riv moroten och alla rödbetor utom en på ett rivjärn och blanda ner det i grytan. Lägg ner lagerbladen. Låt puttra i några minuter.
■ Tillsätt buljongen och koka alltsammans under lock på svag värme i c:a 20 minuter. Riv den sparade rödbetan fint och tillsätt den. Den ger vacker färg till soppan. Låt koka ytterligare några minuter.
■ Smaka av med vinäger, salt och peppar.
■ Knaperstek skivor av sidfläsk eller bacon. Dela dem i mindre bitar. Finhacka persiljan. Rör ihop getost och crème fraiche till lagom konsistens.
■ Häll upp soppan i skålar. Placera fläskbitar tillsammans med en klick getostcrème i soppan. Strö över fint hackad persilja.

MINESTRONE MED PASTAHJUL OCH PESTO

En soppa som uppskattas av såväl mina barn som av vuxna på besök. Kanske beror det på pastahjulen...

200 g torkade vita bönor, knappt 3 dl
2 liter vatten
2 tsk salt
4 fasta potatisar
2 morötter
1 zucchini
1 liten bit rotselleri
1 purjolök
1 gul lök
C:a 1/2 dl god olivolja
2 tomater
1 knippe bladpersilja
150 g pastahjul, 4 1/2 dl
3-4 msk pesto
Nymalen svartpeppar

Till servering:
50 g nyriven parmesanost
1/2 dl god olivolja

■ Lägg bönorna i blöt över natten. Låt dem rinna av väl och koka dem sedan i det saltade vattnet på svag värme i c:a 15 minuter.
■ Skala potatis och grönsaker. Skär dem i skivor. Tillsätt dem till bönorna tillsammans med olivoljan och lägg på ett lock. Låt sjuda till en tjock soppa i c:a 45 minuter.
■ Skålla och skala tomaterna. Grovhacka tomatköttet och persiljan. Tillsätt det till soppan när den har kokat 30 minuter.
■ När c:a 5-10 minuter återstår av koktiden tillsätts pastan. Rör ner peston och smaka av med nymalen svartpeppar. Servera i skålar. Häll över lite olivolja och nyriven parmesanost.

ZUPPA ALLA FRANTOIANA

Min egen variant av den italienska grönsakssoppan Zuppa alla Frantoiana. En kraftig, god och mättande soppgryta som serveras med en rostad skiva baguette eller lantbröd i botten av soppskålen. Placera grönsakerna ovanpå och häll över rikligt med god olivolja.

450 g blandade bönor, t.ex. vita, pinto, röda och black eye
5 vitlöksklyftor
1 röd lök
7-8 blad grönkål
En bit av ett rödkålshuvud
5 morötter
1 palsternacka
1 1/2 liter vatten
2 tärningar av höns- eller grönsaksbuljong
2 lagerblad
Salt och nymalen svartpeppar

Till servering:
1 skivad baguette eller lantbröd
C:a 3 dl god olivolja
1 knippe bladpersilja
En bit parmesanost

■ Blötlägg bönorna över natten. Koka upp dem i rikligt med saltat vatten. Häll av vattnet efter 5 minuter och skölj av dem i kallt vatten.
■ Hacka vitlök och rödlök. Låt lökhacket "svettas" i lite olivolja i en rejäl järngryta.
■ Strimla grönkål och rödkål. Skär morötter och palsternacka i sneda smala skivor.
■ Lägg i lagerblad, bönor och grönsaker i grytan med löken. Häll på vattnet och tillsätt buljongtärningarna.
■ Låt soppan koka i c:a 1 timme. Späd eventuellt med lite mer vatten under tiden. Smaka av soppan med salt och nymalen peppar.

Servering:
■ Rosta skivor av baguette eller lantbröd i ugnen. Lägg en skiva i botten av varje soppskål eller tallrik. Placera grönsakerna ovanpå. Häll över olivolja. Var inte för snål med oljan, det är den som gör att smakerna "gifter sig med varandra".
■ Strö på rikligt med finhackad persilja, skär en bit parmesan och njut!

***Föregående uppslag:** Minestrone med pastahjul och pesto. **Nästa sida:** Zuppa alla Frantoiana.*

TOSCANSK BÖNSOPPA MED ROSTAD VITLÖK

En god och mättande soppa med fin smak av salvia. Ibland serverar jag mindre portioner av denna soppa i koppar som en liten förrätt. Receptet räcker då till 8-10 portioner.

250 g / c:a 3 1/2 dl vita bönor
1 1/2 liter hönsbuljong
1 stort knippe salvia
3 vitlöksklyftor
C:a 1 dl god olivolja
Salt och nymalen svartpeppar

Till garnering:
3 vitlöksklyftor

- Lägg bönorna i blöt över natten. Låt dem rinna av och lägg dem i en kastrull tillsammans med hönsbuljongen.
- Koka bönorna sakta i 30 minuter.
- Fräs under tiden 2 msk fint hackad salvia med 3 fint hackade vitlöksklyftor i hälften av olivoljan på inte alltför hög värme.
- Mixa hälften av bönorna i en mixer tillsammans med resten av salvian och all buljong till en slät, fin soppa.
- Häll tillbaka detta i grytan med bönorna. Tillsätt den frästa vitlöks- och salviaröran och låt puttra i c:a 10 minuter. Smaka av med salt och peppar.
- Skiva de övriga vitlöksklyftorna tunt på längden och fräs dem gyllenbruna i resten av olivoljan.
- Garnera med de rostade vitlöksskivorna och servera soppan med ett gott bröd.

CRÈME NINON

En mycket vacker soppa. Den är grön och skön och en fin inledning på en vintermåltid. Använd frysta ärtor för bästa resultat. Champagnen kan bytas ut mot mousserande vitt vin.

1 liten gul lök
1 msk smör
1/2 kg frysta gröna ärtor
7 dl buljong
1 1/2 dl vispgrädde
1 dl champagne
Salt och nymalen vitpeppar

Till garnering:
Några kvistar färsk dragon

- Skala och finhacka löken. Fräs den mjuk i smöret utan att den tar färg. Häll på buljongen och låt den koka upp. Tillsätt de frysta ärtorna. Låt koka i några minuter.
- Mixa soppan slät och fin. Tillsätt grädden och låt soppan koka upp. Häll i champagnen. Smaka av med salt och peppar.
- Garnera med färsk dragon. Servera gärna med ett gott bröd och en vällagrad ost.

MIN FESTKÖTTSOPPA

En mycket praktisk bjudrätt som kan göras i god tid innan gästerna anländer och sedan värmas upp. Några härliga ostar, ett halvgrovt bröd och ett gott glas rödvin att dricka till och succén är given.

600 g grytbitar av nötkött
1 1/2 liter mörk oxbuljong
Några persiljestjälkar
10 pepparkorn, svart- och vitpeppar blandat
5 vitlöksklyftor
3 lagerblad
3 schalottenlökar
2 morötter
1 palsternacka
1 liten kålrot
1 bit rotselleri
10 små potatisar
1/2 purjolök
2 msk smör
1-2 dl rött vin
Salt och svartpeppar

Till garnering:
1 knippe bladpersilja

- Koka upp buljongen och lägg ner köttet. Tag med en hålslev bort det skum som lägger sig på ytan. Tillsätt pepparkorn, persiljestjälkar, vitlök och lagerblad. Låt koka på svag värme tills köttet är mört, c:a 1 timme.
- Finhacka schalottenlökarna. Skala potatisarna och rotfrukterna och skär dem i inte alltför små bitar. Skölj och dela purjolöken i bitar.
- Fräs all lök i smöret utan att den tar färg. Tillsätt potatis- och rotfruktsbitarna. Rör om och ställ åt sidan.
- Tag upp köttet och sila buljongen. Mät upp 1 1/4 liter buljong och häll den i en gryta. Tillsätt grönsakerna och köttet. Låt koka ytterligare 15-20 minuter tills grönsakerna är nästan mjuka. När 5 minuter återstår tillsätts vinet.
- Smaka av och tillsätt eventuellt lite mer salt. Klipp över rikligt med bladpersilja och servera.

Föregående uppslag: *Toscansk bönsoppa med rostad vitlök och crème Ninon.* ***Nästa sida:*** *Min festköttsoppa.*

Saftsoppa och apelsinsoppa.
Till vänster: *Utsikt från mitt verandafönster.*

SOPPA PÅ TORKAD FRUKT

En gammaldags nästan bortglömd soppa som förtjänar att åter lyftas fram.

250 g torkad blandad frukt
1 1/2 liter vatten
1 kanelstång
5 msk strösocker
1-2 msk potatismjöl

Till servering:
Florsocker
Mjölk eller grädde

▪ Låt frukten ligga i blöt över natten. Koka den mjuk tillsammans med kanelstången i blötläggningsvattnet. Tillsätt sockret och rör om.
▪ Rör ut potatismjölet i ett par matskedar kallt vatten. Tillsätt redningen till soppan under ständig omrörning. Den tjocknar genast. Vill man ha en tunnare soppa tar man mindre redning. Låt sjuda någon minut.
▪ Häll upp soppan i en vattensköljd skål. Pudra över florsocker. Låt svalna och servera den med mjölk eller grädde.

SAFTSOPPA

En varm soppa som jag ofta fick till mellanmål under barndomens vintrar tillsammans med skorpor.

3 dl outspädd hallonsaft
6 dl vatten
1-2 msk potatismjöl

Till servering:
Ett par matskedar florsocker
2-3 dl lätt vispad grädde
Skorpor

▪ Blanda saft och vatten. Koka upp.
▪ Rör ut potatismjölet i lite kallt vatten. Tillsätt till soppan och sjud under ständig omrörning.
▪ Häll upp soppan i en vattensköljd skål och pudra över lite florsocker. Tillsätt en klick grädde och servera soppan tillsammans med goda skorpor.

APELSINSOPPA

En mycket enkel vitaminrik soppa som lyser vackert gul i vintermörkret. Jag brukar äta den varm.

1 liter färskpressad silad apelsinjuice av blonda apelsiner, eller
2 dl koncentrerad apelsinjuice som späds med 7 dl vatten
1-2 msk potatismjöl
3 msk strösocker

Till garnering:
2 blodapelsiner
1 dl russin

▪ Rör ut potatismjölet i lite kallt vatten. Koka upp juicen eller vattnet och juicen. Tillsätt redningen under ständig omrörning. Låt sjuda och tillsätt sockret.
▪ Skiva blodapelsinerna. Lägg några skivor i varje tallrik. Strö över russin.

Vänner en sommardag utanför Villa Motowi.

FISK OCH SKALDJUR

Att använda och tillaga vad havet skänker i form av fisk och skaldjur inbjuder till en intressant mångfald. Utbudet är stort och innehållsrikt. Fisk är ju också väldigt nyttig och näringsrik mat. På senare tid har det dock diskuterats livligt kring torsken. Låt oss hoppas att det hjälper så vi kan fortsätta njuta av den goda torsken. Vid vår västkust, i havet ut mot Atlanten, finns många goda fiskar med smaker som överträffar det mesta. Som barnfödd här lagar jag mest fiskrätter härifrån, även om jag naturligtvis på senare år inspirerats att tillaga fiskar och skaldjur både från exempelvis vår östkust och Medelhavet. Man kan anrätta fisk och skaldjur på många olika sätt. Att koka eller rättare sagt sjuda sin fisk, eftersom fisk inte bör kokas för kraftigt, kanske är den vanligaste formen. Värt att tänka på då är koktiden som varierar efter art och storlek. Torskfiskar blir fortare klara än till exempel piggvar. Är man osäker på koktiden är det bättre att koka sin fisk för lite än för mycket! Att steka i ugn eller panna tillhör ett av mina favoritsätt att tillaga fisk. Det viktigaste då är att inte snåla med smöret. Det blir inte något bra resultat med för lite smör! Snåla hellre in på såsen och servera grönsaker som tillbehör. Att halstra och grilla är mycket enkelt och populär sommarmat. Pensla fisken med lite olja och lägg den i en het grillpanna, lite salt och peppar och måltiden är klar på några minuter. På utegrillen kan man lägga stora hela fiskar som först grillas och får färg med gallret lite längre ner och sedan flyttas upp. Gör några snitt i fisken innan den grillas. Fisk i folie är väldigt praktiskt. Fisk, grönsaker, potatis och en klick smör får ta plats i små paket av folie som sedan bakas i ugn. Detta tillagningssätt bevarar fiskens smak och arom mycket bra, dessutom doftar det underbart gott när middagsgästerna öppnar sina ”paket”. **Inkokning är ett gammaldags sätt att tillaga fisken.** Även inkokning är lätt att göra åt många. Fisken kokas upp hel eller delad i vatten med grönsaker, kryddor och citron, ättika eller vinäger. Sedan får den kallna i sitt spad och serveras med en god sås, mimosasallad och potatis. Till inkokning är det bäst att använda feta fiskar som lax och makrill. **På senare tid har jag börjat fritera en del fiskar och skaldjur.** Det är lite pyssligt men blir väldigt gott. Här är temperaturen på oljan det viktigaste. Den får inte vara för het, då blir resultatet bränt och torrt. Å andra sidan ger för låg temperatur på oljan ett färglöst och ”kletigt” resultat. En vit brödbit i oljan som snabbt tar färg är ett bra sätt att prova om temperaturen är den rätta. **Efter dessa förslag på olika tilllagningssätt för havets frukter** hoppas jag att Ni blivit inspirerade till att ge Er ut på havet, eller till fiskhandlaren, och söka efter det som ska ge Er en smak av hav till middag!

S:t Eriks vik på Marstrand.

Currysill och matjessill med forellrom.

Utsikt mot min granne.

"Lillehuset."

Korgar och krukor i min trädgård.

CURRYSILL

En rätt att laga både till påsk, midsommar och jul. Ibland serverar jag den med potatis och lite grönsallad som en lunchrätt.

500 g matjessillfiléer
2 äpplen
1 bit purjolök
1 burk crème fraiche
1 1/2 dl majonnäs
1/2-1 msk curry
1 knippe dill

■ Skär sillen i mindre bitar. Äpplena ska kärnas ur men inte skalas. Grovhacka äpplena. Skiva purjolöken tunt.
■ Lägg allt i en bunke. Blanda ner crème fraiche och majonnäs. Smaksätt med curry och fint hackad dill.

MATJESSILL MED FORELLROM

Någon mer svensk sommarrätt än matjessill och gräddfil får man leta efter. Här har jag gjort en röra av dessa båda tillsammans med ytterligare älskade ingredienser på våra sommarbord. Mörk kavring i tunna skivor och en stark västerbottenost hör till.

500 g matjessillfiléer
1 stor röd lök
Några kvistar dill
C:a 2 dl gräddfil
C:a 2 dl crème fraiche
1-1 1/2 dl majonnäs
Nymalen vitpeppar
Ev. salt

Till servering och garnering:
100 g forellrom eller löjrom
7-8 strån av gräslök
7-8 tunna skivor kavring
Västerbottenost

■ Dela sillen i mindre bitar och låt den rinna av i en sil. Hacka rödlöken och dillen ganska fint. Blanda sill, rödlök och dill med gräddfil, crème fraiche och majonnäs. Rör inte för kraftigt utan vänd bara runt.
■ Lägg upp röran på 7-8 assietter. Placera en skiva kavring och ett par skivor stark ost vid sidan. Dekorera med forellrom och ett gräslöksstrå.

Hamnen i Marstrand.

"Widellens hörna."

HETA RÄKOR I FILOKNYTEN

Filodeg är ett smalare alternativ till smördeg. Den blir frasig och god. Det här är goda och dekorativa knyten fyllda med räkor i en het sås.

Filodeg
1 1/2 dl tomatpuré
2-3 msk balsamvinäger
2 msk vatten
1/2 dl god olivolja
1/2 kruka persilja
1 msk torkad dill
1/2 msk strösocker
1/2 msk paprikapulver
2 nypor cayennepeppar
Salt och nymalen svartpeppar

Drygt 1/2 kg räkor med skal
Smält smör till pensling

▪ Tina filodegen.
▪ Blanda alla ingredienser utom räkorna i en kastrull och låt koka ihop i 7-8 minuter.
▪ Skala räkorna och lägg ner dem i såsen i några minuter, de får inte koka.
▪ Dela filodegen på mitten. (Jag brukar dela den precis där den är vikt.) Lägg ut c:a 15 ark filodeg. Placera en klick räkröra i mitten på varje ark och "vrid ihop" det till ett knyte. Lägg dem i en ugnsfast form.
▪ Pensla knytena med smör och baka i ugn på 200° i c:a 20 minuter.

Se bild sid. 44

TOAST MED RÖD OCH SVART KAVIAR

En mycket uppskattad och enkel liten macka till drinken.

1 stor röd lök
120 g röd kaviar
1 1/2 dl crème fraiche
10 skivor formfranska

Till garnering:
60 g svart kaviar
En dillkvist

▪ Finhacka löken. Blanda den med röd kaviar och crème fraiche. Vänd runt försiktigt, det kan lätt bli för löst annars.
▪ Rosta brödskivorna. Tag ut små rundlar med hjälp av ett glas.
▪ Placera en rejäl klick kaviarröra på varje rundel. Garnera med några korn svart kaviar och lite dill.

RÄKBRUSCHETTA

En god macka till förrätt eller till drinken om bröden delas i trekanter.

6 små skivor lantbröd
2 msk god olivolja till pensling av bröden
Drygt 1/2 kg räkor med skal
3/4 dl god olivolja
2-3 msk balsamvinäger
Några kvistar färsk basilika
Några kvistar rucola
3 tomater
2 vitlöksklyftor
Nymalen rosé- eller svartpeppar

Till garnering:
Några strån gräslök

▪ Pensla bröden med olivolja och rosta dem i ugn tills de fått fin färg.
▪ Skala räkorna. Grovhacka basilika, rucola och tomater. Finhacka vitlöken.
▪ Blanda alla ingredienser. Smaka av och lägg upp på bröden. Garnera med fint klippt gräslök. Servera.

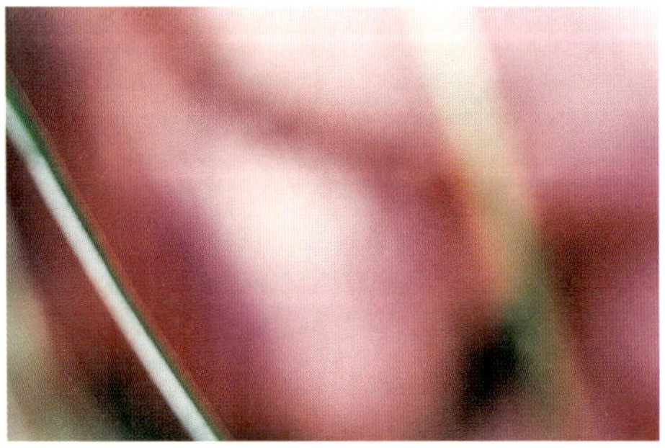

Räkbruschetta.

ALGLINDADE PILGRIMSMUSSLOR

Pilgrimsmusslor är något av det bästa jag vet. Grillade och alglindade så här är de goda på en salladsbädd. Färska musslor är en ren lyx när de går att få tag på. De frysta lite större blir nog så bra. Alger finns att köpa i välsorterade livsmedelsbutiker, asiatiska butiker eller hos fiskhandlare.

20 pilgrimsmusslor
Olivolja
Salt och nymalen svartpeppar
2-3 msk kapris
1 knippe färsk salvia
Saften av 1 lime
En bunt alger att linda runt pilgrimsmusslorna

▪ Häll lite olja i en grillpanna. Ställ pannan på en het platta. När det börjar ryka är det dags att lägga i musslorna. Salta och peppra och grilla musslorna ett par minuter på varje sida. Tillsätt kapris och salviablad efter halva grilltiden.
▪ Linda några alger kring varje mussla och håll dem varma i en panna tills alla är färdiglindade. Häll över limesaften och servera.

STEKTA MARINERADE RÄKOR MED KOKOS

Räkor som marineras och steks för att till sist få sällskap av kokosflingor.

500 g tigerräkor eller scampi, råa
1 dl tomatpuré
3 vitlöksklyftor
Rivet skal och saft av 1 lime
1 1/2 msk sojasås
1 1/2 msk flytande honung
2-3 msk sesamolja
1 dl kokosflingor

▪ Blanda tomatpuré, pressad vitlök, limesaft, limeskal, sojasås och honung i en bunke. Lägg räkorna att marinera i kylskåp ett par timmar. Häll av marinaden och spara den.
▪ Värm oljan i en stor stekpanna. Lägg ner räkorna och stek dem tills de blivit rosa, c:a 5 minuter.
▪ Rör ner marinaden och låt koka i ett par minuter tills allt blivit genomvarmt. Rör ner kokosflingorna och servera.

STEKTA CHILIRÄKOR

Om man som jag är förtjust i sweet chili är det här en rätt att laga till buffébordet eller som ensamrätt med ris eller glasnudlar.

500 g tigerräkor eller scampi, råa
50 g smör
2 msk god olivolja
2 vitlöksklyftor
Saften av 1 lime
Några kvistar färsk basilika
1/2 dl sweet chilisås
Till garnering:
Rivet skal av 1 lime

▪ Skala räkorna eller scampin och tag bort tarmen.
▪ Värm smöret tillsammans med olivoljan i en stekpanna eller wok. Finhacka vitlök och basilika. Pressa saften ur limefrukten. Tillsätt detta till smöret tillsammans med chilisåsen. Blanda väl.
▪ Stek räkorna tills de är genomstekta, c:a 5 minuter.
▪ Stjälp upp och servera. Garnera med limeskalet.

Som ensamrätt med glasnudlar:
1 paket (150 g) glasnudlar

▪ Koka upp ett par liter vatten och häll det över nudlarna. Låt svälla i 5 minuter. Blanda ner nudlarna i pannan med chiliräkorna och rör om.

LIME- OCH SAFFRANSMARINERADE PILGRIMSMUSSLOR OCH SCAMPI MED BASILIKASÅS

Scampi och pilgrimsmusslor i en vacker gul marinad. De serveras med en fin grön basilikasås (recept sid. 193). Det här är en perfekt rätt till bufébordet.

1 kg scampi
1 kg pilgrimsmusslor

Marinad:
5 pressade limefrukter
1 pressad vitlöksklyfta
1/2-1 g saffran
3/4 dl olivolja
Salt och nymalen vitpeppar

▪ Blanda marinaden och marinera scampi och pilgrimsmusslor några timmar i kylskåp.
▪ Grilla dem i het grillpanna några minuter på varje sida.

Alglindade pilgrimsmusslor, stekta marinerade räkor med kokos, stekta chiliräkor samt lime- och saffransmarinerade pilgrimsmusslor och scampi med basilikasås. ***Nästa sida:*** *Tigerräkor med mangosås.*

ÖRTRULLAD HALSTRAD MARULK MED VARM OLJA

Marulk, denna fisk som endast har ett enda stort ben, är fantastiskt god. Köttet är vitt och mycket fast. Som sås serverar jag en varm olivolja smaksatt med soltorkad tomat, men basilikasås (se sid. 193) är också gott till.

1 1/2 kg marulk, hel urbenad filé
3 dl blandade färska örter (basilika, gräslök, dragon)
3 tsk örtsalt

Sås:
2 dl god olivolja
1-2 msk balsamvinäger
5-6 soltorkade marinerade tomater
Örtsalt och nymalen svartpeppar

▪ Putsa marulksfilén och skär den i 2 cm breda medaljonger.
▪ Finhacka örterna och blanda dem med örtsaltet. Rulla medaljongernas sidor i blandningen.
▪ Halstra i het panna några minuter på varje sida.

Såsen:
▪ Värm olivoljan försiktigt. Tillsätt balsamvinäger och finhackad soltorkad tomat.
▪ Smaka av med salt och nymalen svartpeppar. Servera med nykokt potatis.

GRILLAD SCAMPI MED PESTO OCH AIOLI

Gott och vackert på buffébordet.

1 kg rå scampi
Olivolja av god kvalitet

▪ Grilla scampin i några minuter på båda sidor i en grillpanna penslad med olivolja. Servera med pesto och aioli (recept sid. 192).

GRÖNA MUSSLOR

Musslor från Nya Zeeland med grönt vackert skal. Jag köper dem frysta i en förpackning om 700 g som blir lagom till dryga tio personer på buffé eller några färre om de serveras som förrätt.

1 paket (700 g) frysta gröna musslor
1 burk crème fraiche
2 msk curry
2 pressade vitlöksklyftor
Örtsalt och grovmalen svartpeppar

Till servering:
Rivet skal av 1 citron
Ev. några limeblad

▪ Placera musslorna på ett ugnsfast fat.
▪ Rör ihop crème fraiche, curry, vitlök, salt och peppar till en tjock smet. Bred den på musslorna och gratinera i hög värme i ugnen i c:a 5 minuter.
▪ Riv över citronskalet och servera. Dekorera eventuellt med limebladen.

TIGERRÄKOR MED MANGOSÅS

Halstrade blacktigerräkor med en frisk mangosås.

500 g tigerräkor, råa
2 msk smör
2 avokador
Saften av 1 citron
Rivet skal och saft av 1 lime

Sås:
1 1/2 dl kokosmjölk
1 mango, stor och väl mogen
2 msk limesaft

Till garnering:
Några kvistar färsk mynta

▪ Fräs räkorna i smöret i c:a 5 minuter tills de är fint rosa.
▪ Dela avokadorna och tag ur kärnorna. Pressa över citronsaft så att fruktköttet inte blir brunt. Tag med en melonkulformare ut avocadokulor och blanda ner dessa bland räkorna.
▪ Tillsätt saft och skal av lime.

Såsen:
▪ Kör alla ingredienser till såsen i en mixer till lagom konsistens. Häll upp i en skål och dekorera med färsk mynta.

Örtrullad halstrad marulk med varm olja, grillad scampi med pesto och aioli samt gröna musslor.

GRATINERADE HAVSKRÄFTOR

Eftersom jag är född på västkusten älskar jag naturligtvis havskräftor. Naturella smakar de utmärkt. Ibland är det roligt med variation: gratinerade så här med den goda kryddblandningen persillade eller vitlök ger fina smaker. De passar bra att servera på ett buffébord eller som förrätt.

16 havskräftor

Persilladesmör:
100 g smör, rumsvarmt
2 msk persillade
1 msk riven schalottenlök
1 tsk balsamvinäger

Vitlökssmör:
100 g smör
2 pressade vitlöksklyftor
1 msk fint hackad persilja
Salt

- Rör ihop alla ingredienser till något av kryddsmören eller båda.
- Lägg kräftorna på rygg med stjärten utsträckt. Klyv dem och tag bort magsäck och tarm.
- Placera kräftorna med skalet ner på ett ugnsfast fat. Klicka över rikligt med smör.
- Gratinera i 275° högt upp i ugnen i c:a 5 minuter.

Marstrand. Nyskördade blåmusslor.

Gratinerade blåmusslor.

Chatkakrabba.

Stekt inlagd strömming på knäckebröd.

BLÅMUSSLOR MED LIME OCH CHILI

Moules marinières med en asiatisk touche.

1 1/2 kg blåmusslor
3 vitlöksklyftor
1 röd chilifrukt, till exempel spansk peppar
4 schalottenlökar
50 g smör
1 1/2 dl torrt vitt vin
8-10 limeblad
1 1/2-2 dl vispgrädde
1/2 tsk salt

■ Tvätta och skrapa musslorna under rinnande kallt vatten. Släng dem som inte sluter sig.
■ Finhacka vitlök, schalottenlök och chili.
■ Fräs smöret i en stor gryta och tillsätt lök och chili. Låt allt bli mjukt utan att ta färg.
■ Tillsätt vin, limeblad och musslor. Lägg på ett lock och låt koka i 5 minuter tills alla musslor öppnat sig.
■ Häll på grädden och smaka av. Servera med ett gott bröd.

GRATINERADE BLÅMUSSLOR

En förrätt för cirka sex personer. Ska rätten serveras på buffé till flera går det bra att öka på receptet. Bjud gott vitt bröd till.

1 1/2 kg färska blåmusslor
1 1/2 dl torrt vitt vin
1 klick smör

Till gratinering:
150 g smör
4 pressade vitlöksklyftor
1 knippe fint hackad persilja (spar lite till garnering)
Grovmalen svartpeppar

Till garnering:
1 grillad röd paprika

■ Tvätta och skrapa musslorna under rinnande kallt vatten. Släng dem som inte sluter sig.
■ Lägg musslorna i en vid gryta. Tillsätt vinet och smöret. Lägg ett lock på grytan och låt koka i c:a 5 minuter tills alla öppnat sig.
■ Grilla under tiden paprikan på hög värme tills skalet blivit svart. Lägg i plastpåse att svalna. Drag sedan av skalet och hacka den fint.
■ Tag upp musslorna ur grytan och ta bort den tomma skalhalvan. Lossa eventuellt musslan från sitt skal och lägg tillbaka den i sin skalhalva. Lägg musslorna i en ugnsfast form.
■ Rör ihop alla ingredienser till gratineringen. Lägg en rejäl klick i varje skal.
■ Gratinera musslorna i 250° i 5-7 minuter.
■ Garnera musslorna med persiljan och den grillade hackade paprikan.

CHATKAKRABBA MED THAISÅS

På rysk jättekrabba räcker ena sidans klor som förrätt till sex personer. Rhode Island-sås, majonnäs eller thaisås är gott att servera till.

Thaisås:
1 dl solrosolja
Saften av 2 limefrukter
2 röda chilifrukter, till exempel spansk peppar
1 cm ingefära

■ Dela chilifrukterna och tag bort de små fröna. Finhacka chilifrukterna. Skala och riv ingefäran. Vispa ihop alla ingredienserna och servera såsen till krabban. Rostat bröd hör till.

STEKT INLAGD STRÖMMING PÅ KNÄCKEBRÖD

En god och matig macka som smakar underbart tillsammans med ett glas öl. Den passar som förrätt, vickning eller lättare lunch.

1 kg orensad eller 600 g rensad strömming
1-2 tsk salt
C:a 1 1/2 dl grovt rågmjöl
2-3 msk smör

Lag:
3 dl vatten
3/4 dl ättiksprit
1/2 dl strösocker
2 lagerblad
10 kryddpepparkorn

Till servering:
1 röd lök
1 litet knippe persilja
Rivet skal av 1 citron
4 rejäla bitar knäckebröd

■ Rensa och skölj strömmingen på följande vis: Klipp bort huvud och fenor. Klipp upp buken och tag ur innanmätet. Lossa ryggbenet genom att föra tummen utefter benet. Tag bort benet så att de flesta småbenen följer med. Skölj den till sist under rinnande kallt vatten. Gnid in den med salt och låt den stå en stund.
■ Lägg ihop filéerna två och två. Vänd dem i rågmjölet. Hetta upp smöret i en stekpanna och stek dem långsamt på båda sidor. Låt kallna.
■ Koka upp ingredienserna till lagen och häll den varm över den kalla stekta strömmingen. Ställ kallt i några timmar.
■ Skiva löken tunt och grovhacka persiljan. Lägg upp ett par strömmingar på varje knäckebröd. Placera några skivor rödlök ovanpå. Garnera med persilja och rivet citronskal.

HALSTRADE PILGRIMSMUSSLOR PÅ RUCOLABÄDD MED STEKT SPARRIS

En snabblagad uppskattad förrätt. Servera den med basilikasås (recept sid. 193).

1 knippe vit späd sparris, c:a 20 stycken
1 ask (250 g) körsbärstomater
1 stor ask (100 g) rucolasallad eller jungfrusallad
20 pilgrimsmusslor
Örtsalt och nymalen svartpeppar
Olivolja till pannan
10 marinerade soltorkade tomater
Basilikasås (recept sid. 193)

■ Skala och skär av nedre delen på sparrisen. Dela dem sedan i två eller tre delar. Häll ett par matskedar olivolja och ett par matskedar basilikasås i en stekpanna. Stek sparrisen i 5-10 minuter tills den mjuknat något. Den ska fortfarande ha lite tuggmotstånd.
■ Lägg ner körsbärstomaterna i pannan och vänd runt i två minuter.
■ Blanda sparrisen och tomaterna med salladen på ett stort fat.
■ Hetta upp en grillpanna med olivolja. Grilla pilgrimsmusslorna på båda sidor i några minuter. Salta och peppra. Fördela musslorna på salladen.
■ Finhacka de soltorkade tomaterna och strö över dem. Servera med basilikasås.

Marstrand. Thommy och William på väg mot Tådammarna.

ÅNGAD LÄTT-RIMMAD TORSKRYGG MED SMÖR OCH PEPPARROT

Kokt västerhavstorsk är en måltid av högsta kvalitet. En lätt saltning någon timme innan den kokas gör köttet mycket fast och skimrande. Här använder jag ryggbiten, vilket är den mest delikata delen av torsken.

6 ryggbitar av en stor västerhavstorsk, minst 150 g styck
1 1/2 msk salt
6 minipurjolökar eller salladslökar

Till servering:
100-150 g smör
En bit pepparrot
En kvist persilja
Kokt potatis

■ Skölj fisken i kallt vatten och salta den runtom. Låt dra i kylen minst en timme.
■ Skölj och ansa de små purjolökarna.
■ Koka upp lite vatten i en stor kastrull med ånginsats, eller lägg en uppochnervänd tallrik i botten på grytan. Placera fisken och purjolökarna ovanpå och sätt på ett lock.
■ Ånga fisken (se till att det inte stormkokar) i 8-10 minuter. Smält smöret, riv pepparroten och finhacka persiljan. Servera det till fisken tillsammans med kokt potatis.

TORSK MED PARMA-SKINKA OCH RISOTTO

Små paket av torsk som får smak av skinkan. Jag serverar en risotto med svarta oliver därtill, men potatis går naturligtvis också bra.

6 tjockare torskfiléer, minst 150 g styck
3 msk grön pesto, (se sid. 192)
6 långa skivor parmaskinka
Salt och nymalen vitpeppar
Smör till formen

Risotto:
400 g avorioris
1 gul lök
2 vitlöksklyftor
50 g smör
2 msk olivolja
1 liter hönsbuljong
1 dl vitt vin
1/2 dl fint riven parmesan
Salt och nymalen svartpeppar
10-15 urkärnade svarta oliver

■ Bred 1/2 msk pesto på varje torskbit. Slå sedan in varje filé i en skiva skinka. Smaka av med salt och peppar.
■ Smörj en ugnsfast form med smör. Placera torsken i formen och stek i ugnen på 200° i c:a 10 minuter tills fisken är vit och fast.

Risotton:
■ Tillaga som rödbetsrisotto (recept sid. 120). Hacka de svarta oliverna grovt och tillsätt dem allra sist.

RIMMAD STEKT TORSK MED DILLPESTO OCH ROTFRUKTSKAKA

Fräscht och färgglatt! Fisken blir väldigt vit och fast eftersom den rimmas. Rotfruktskakan blir knaprig och god och kan även serveras som ensamrätt på ett buffébord. Dillpeston passar till all slags fisk.

1 kg torskfilé delad i portionsbitar
Smör till stekning
Nymalen vitpeppar och ev. salt

Rimlag:
1 liter vatten
Knappt 2 msk salt
Drygt 1 msk strösocker

Dillpesto:
2 dl grovt hackad dill
1 dl grovt hackad gräslök
3 vitlöksklyftor
1 dl grovriven parmesan
50 g pinjenötter
C:a 1 dl god olivolja
Salt och nymalen peppar

Rotfruktskaka:
6 potatisar
4 morötter
1 palsternacka
1 knippe persilja
En rejäl klick smör
Salt och nymalen svartpeppar

■ Blanda alla ingredienser till rimlagen. Lägg ner torskbitarna och låt dem rimmas i 1/2-1 timme. Tag upp torskbitarna ur lagen och låt dem rinna av.
■ Stek torskbitarna i smör några minuter på varje sida tills de får vacker färg.

Dillpeston:
■ Lägg alla ingredienser utom pinjenötter och olivolja i en mixer. Kör till en smet. Tillsätt oljan lite i taget till lagom konsistens. Blanda ner pinjenötterna mot slutet.
■ Smaka av med salt och peppar.

Rotfruktskakan:
■ Skala och riv alla rotfrukterna på ett rivjärn. Blanda.
■ Hacka persiljan fint och rör ner den i rotfruktsblandningen. Salta och peppra.
■ Hetta upp en stekpanna och lägg i en rejäl klick smör. Stek rotfruktskakan på båda sidor så att den blir genombakad och lätt brun. Pressa lite på den med en stekspade under tiden.

Ångad lättrimmad torskrygg med smör och pepparrot, torsk med parmaskinka och risotto samt rimmad stekt torsk med dillpesto och rotfruktskaka.

STEKT TORSK MED RÖDBETSRISOTTO

Torsk är en av mina favoritfiskar. Jag behåller skinnet på filén som blir knaprigt och gott vid stekningen. En krämig risotto i vacker röd färg serveras till. Chèvreslungade ärtor (recept sid. 25) är ett mycket gott tillbehör till denna rätt.

800 g torskfilé skuren i 4 bitar med skinnet kvar
1 1/2 tsk salt
1 1/2 tsk strösocker
3 msk god olivolja

Risotton:
300 g avorioris
2 färska rödbetor
1 gul lök
2 vitlöksklyftor
40 g smör
2 msk olivolja
7-8 dl hönsbuljong
1 dl vitt vin
1/2 dl riven parmesan
Salt och nymalen svartpeppar

Till garnering:
Några strån gräslök

Gnid in fiskbitarna med salt och socker. Låt dem stå och dra i rumstemperatur i 30-40 minuter. Borsta bort det som är kvar av kryddorna.

■ Hetta upp olivoljan i en teflonpanna. Stek torsken varsamt på båda sidor tills den är gyllenbrun. Börja med skinnsidan ner.

Risotton:

■ Skölj riset under rinnande vatten i ett durkslag. Skala och riv rödbetorna på ett rivjärn. Finhacka lök och vitlök.

■ Hetta upp hälften av smöret tillsammans med olivoljan. Fräs lök och vitlök i ett par minuter. Tillsätt riset och rödbetorna. Rör om.

■ Häll i 3 dl av den heta buljongen och låt koka in under omrörning. Tillsätt ny buljong och upprepa tills all buljong kokat in. Häll i vinet och resten av smöret. Rör om. Det brukar ta c:a 25 minuter sammanlagt. Precis före servering rörs den rivna parmesanosten ner.

■ Smaka av med salt och nymalen peppar. Garnera det hela med några strån gräslök.

HELSTEKT RÖDTUNGA MED SVAMPFRÄS

I varje kök på västkusten finns det aldrig bara en stekpanna. Ska det stekas plattfisk behövs det mer än en panna om gästerna ska få äta samtidigt. Den vanligaste plattfisken som steks i de västkustska köken är nog rödspätta. Rödtungan äts liksom sjötungan mer till fest. Som tillbehör är det gott med olika sorters frästa svampar eller färska nykokta rödbetor i skivor samt naturligtvis citron och potatis.

1 1/2 kg rödtunga eller rödspätta
Salt
Smör till stekning

Till panering:
3/4 dl fint rågmjöl
3/4 dl ströbröd
Salt och nymalen vitpeppar

Svampfräs:
1 röd lök
1/2 kg blandad svamp
1 påse (50 g) färsk spenat
Smör till stekning
Salt och peppar

Till servering:
1-2 citroner
Några kvistar persilja
Kokt potatis
Grönsallad
1 bit pepparrot

■ Fjälla och rensa fisken om inte fiskhandlaren gjort detta.
■ Vänd fiskarna i paneringen och hetta upp smöret i pannorna. Stek fiskarna på inte alltför hög värme tills ytan blivit vackert gyllenbrun och fiskköttet vitt, c:a 6-8 minuter på varje sida.

Svampfräset:
■ Finhacka rödlöken. Ansa svamparna och dela stora svampar i mindre bitar. Lägg en rejäl klick smör i en panna och stek löken mjuk utan att bryna den. Lägg ner svampen och rör om. Sänk värmen och låt svampen eftersteka i c:a 5 minuter. Vänd till sist ner spenaten och smaka av med salt och peppar.
■ Servera fisken tillsammans med svampfräset, citronklyftor, persilja, kokt potatis, riven pepparrot och en grönsallad.

Beata vill ha mat.

SAFFRANSGRAVAD LAX MED HONUNGSSÅS

Den här laxen serverar jag på mitt julbord. Den kan naturligtvis ätas vid andra tillfällen. Honungssåsen till väcker alltid förtjusning.

1 kg färsk laxfilé med skinnet kvar och benen borttagna
4 msk strösocker
4 msk salt
2-3 tsk grovt stötta vitpepparkorn
1 kuvert saffran
1 rejält knippe dill

Honungssås:
1 burk crème fraiche
1 dl majonnäs
1 msk dijonsenap
1 1/2-2 msk akaciahonung
Salt och nymalen vitpeppar
Fint hackad dill

▪ Stöt alla kryddor i en mortel. Klappa in dem i laxsidan. Finhacka dillen och strö den över laxen.
▪ Lägg in laxen i dubbla plastpåsar i kylskåpet. Låt ligga i 1-2 dygn. Vänd den några gånger under tiden.

Honungssåsen:
▪ Blanda crème fraiche, majonnäs, senap och honung. Smaka av med salt och nymalen vitpeppar. Rör till sist ner dillen.

Servering:
Skär laxen i raka 1/2 cm breda skivor och servera tillsammans med såsen och eventuellt nykokt potatis.

DRAGONGRAVAD LAX

En lax jag brukar göra när jag har ont om arbetstid men ett par dagar på mig tills gästerna kommer. Jag gravar den helt enkelt i frysen och låter den långsamt tina i kylskåp under en dag.

1 kg laxfilé med skinnet kvar och benen borttagna
4 msk salt
4 msk strösocker
2 msk rosépepparkorn
Några kvistar fransk dragon

Till servering och garnering:
Färsk potatis
Gravlaxsås (se sid. 190)
Några kvistar dragon

▪ Stöt socker, salt och rosépepparkorn i en mortel. Klappa in blandningen i filén. Lägg några kvistar dragon på filén.
▪ Stoppa in fisken i dubbla plastpåsar och lägg in den i frysen i 2-3 dagar.
▪ Låt laxen tina 1 dag i kylskåpet. Vänd den gärna någon gång under tiden.
▪ Garnera med fräsch dragon, tag bort den gamla.
▪ Servera med kokt färskpotatis och gravlaxsås.

Kristallkronan på verandan.

Porträtt av vänner, släkt och några till.

SOTAD LAX MED KOKOSNUDLAR

Laxen blir lite knaprig på ytan när den sotas. Kokosnudlar passar fint till.

1 kg färsk, skinn- och benfri laxfilé
2 msk strösocker
1 msk salt
3 msk ancho chilipulver

Nudlarna:
200 g glasnudlar
2 msk sesamolja
1 grön jalapeño
2-3 vitlöksklyftor
1 bit riven färsk ingefära, 2-3 msk
4 dl kokosmjölk
Salt och nymalen peppar

Till garnering:
Rivet skal av 1 lime

■ Skölj och torka laxfilén. Blanda socker, salt och ancho chili. Klappa in kryddorna i filén och låt stå i c:a 15 minuter.
■ Skär laxen i 6 portionsbitar. Hetta upp en teflonpanna och sota laxen i några minuter på varje sida.

Nudlarna:
■ Koka nudlarna enligt anvisningar på paketet.
■ Hetta upp sesamoljan i en wokpanna eller annan stor panna med hög kant. Tag bort de små fröna ur chilin och finstrimla den och vitlöken. Skala och riv ingefäran på ett rivjärn. Tillsätt chili, vitlök och ingefära till oljan. Fräs i några minuter.
■ Tillsätt kokosmjölken och till sist glasnudlarna. Låt koka upp och smaka av med salt och peppar.
■ Garnera med skal av lime och servera.

UGNSBAKAD LAX MED PESTO OCH LJUMMEN POTATISSALLAD

Hel laxfilé som bakas i ugn är enkelt och praktiskt att tillaga även till många gäster. Gratinerad så här med ett täcke av pesto kan den dessutom serveras såväl varm som kall. Bjud på en ljummen potatissallad som tillbehör.

Knappt 1 kg laxfilé
Smör till formen
1-1 1/2 dl grön pesto (recept sid. 192)

Potatissallad:
Drygt 1 kg potatis

Salladssås:
1/2 dl vitvinsvinäger
1 msk fransk senap
2 dl god olivolja
Salt och nymalen svartpeppar

Till servering:
1 knippe gräslök
2 msk kapris
Sallad

■ Skölj laxfilén i kallt vatten och torka av den. Smörj en långpanna och lägg ner fisken.
■ Bred över ett tunt lager med pesto. Baka i ugn på 225° i c:a 20 minuter.

Potatissalladen:
■ Skala och koka potatisen eller skölj den bara om det är färskpotatis. Koka den något kortare tid än vanligt för fastare konsistens.
■ Skiva den medan den är varm.
■ Vispa ihop alla ingredienserna till såsen. Smaka av med salt och peppar. Häll såsen över de varma potatisarna.
■ Klipp ner gräslöken och tillsätt kaprisen. Servera tillsammans med laxen och en grönsallad.

LAXPAKET MED KOKOSRIS

Trevliga paket som gästerna får öppna själva.

6 bitar av laxfilé utan skinn
1/2-1 dl god olivolja
3 schalottenlökar
Några basilikablad
Örtsalt och nymalen svartpeppar
6 ark bakplåtspapper

Gremolatan:
Skalet av 1 citron
1 knippe persilja
2-3 vitlöksklyftor

Kokosriset:
5 dl jasminris
5 dl vatten
3 dl kokosmjölk + 2 dl vatten

Till garnering:
Ev. lite skal av lime

■ Skölj fisken under kallt vatten och torka av den. Pensla bakplåtspapperet med olivolja och placera en laxfilé på varje ark. Skiva schalottenlöken tunt och grovhacka basilikan. Strö det över laxen. Salta och peppra.
■ Vik ihop till paket. Placera dem i en ugnsfast form. Baka i ugn på 200° i 15-20 minuter.

Gremolatan:
■ Riv skalet av citronen. Finhacka persiljan och vitlöken. Blanda väl och servera i en skål att strö över laxen.

Kokosriset:
■ Skölj riset väl och låt det rinna av. Lägg det i en tjockbottnad kastrull och häll på vattnet. Koka upp och sänk genast värmen till ettan. Låt svälla under lock i 15 minuter.
■ Tillsätt kokosmjölk och vatten till riset. Låt det stå och sjunka in i 10 minuter.
■ Forma små bollar av riset. Lägg upp dem och garnera eventuellt med lite skal av lime.

Sotad lax med kokosnudlar. ***Nästa sida:*** *Laxpaket med kokosris.*

STEKT MAKRILL MED STUVAD SPENAT

En vanlig vardagsrätt i mitt hem då jag var barn. Jag uppskattar den fortfarande. Ibland serverar jag lingon till i stället för spenat.

600 g makrillfiléer
Salt
Smör till stekning

Till panering:
1-2 ägg
3/4 dl ströbröd
1/2 dl vetemjöl
Salt och nymalen vitpeppar

Stuvad spenat:
500 g färsk eller 375 g fryst hackad spenat
2 1/2 msk smör
3 msk vetemjöl
1 1/2-2 dl mjölk
Riven muskotnöt
Salt och nymalen svartpeppar

Till servering:
Kokt potatis
1 citron i klyftor

▪ Skölj av fisken och salta den lätt. Vispa upp äggen och blanda alla torra ingredienser till paneringen.
▪ Doppa varje filé i ägget och sedan i paneringen. Bryn smöret i en stekpanna. Lägg ner fisken och sänk värmen något. Stek filéerna gyllenbruna på båda sidor i c:a 5-7 minuter på varje sida.

Den stuvade spenaten:
▪ Tag bort stjälkarna på den färska spenaten och koka den i lättsaltat vatten i några minuter. Häll bort spadet. Hacka spenaten för hand eller i en matberedare. (Låt den djupfrysta tina.)
▪ Smält smöret i en kastrull. Lägg ner den hackade spenaten.
▪ Rör ut mjölet med lite av mjölken till en slät och fin redning.
▪ Häll i redningen i spenaten under ständig omrörning. Tillsätt resten av mjölken. Koka ihop stuvningen i några minuter. Smaka av med riven muskot, salt och peppar.
▪ Servera spenaten med den stekta makrillen, kokt potatis och citronklyftor.

UGNSBAKAD PIGGVAR

Hel piggvar i ugn är perfekt bjudmat eftersom den sköter sig själv. Med tillbehör som smält eller lätt brynt smör, färsk riven pepparrot och små fina kokta potatisar är succén given.

1 stor piggvar på knappt 2 kg
100-150 g smör
Salt och peppar
1 bit pepparrot
Potatis

Till garnering:
1 knippe dill
1 citron i klyftor

▪ Skölj fisken och tag bort huvud och inälvor på följande vis: Gör ett snitt tätt intill huvudet i en båge ner mot munnen men inte ända fram. Drag bort huvudet, då brukar det mesta av inälvorna följa med. (Fiskhandlaren hjälper naturligtvis gärna till med detta.)
▪ Placera fisken i en långpanna med den mörka sidan upp. Det behövs inget fett eller kryddor, smaken blir mycket god och koncentrerad när fisken tillagas hel i ugn.
▪ Baka fisken i nedre delen av ugnen på 100° i c:a 60-70 minuter. Prova vid den tjocka delen om köttet är vitt och lossnar från ryggbenet, då är fisken klar.

Smöret:
▪ Smält smöret eller bryn det lätt under omrörning.
▪ Riv pepparroten och garnera fisken med dillkvistar och citronklyftor.

UGNSSTEKT HEL FYLLD FISK

Ett tillagningssätt som passar till många fiskar, till exempel torsk, kolja, sik, braxen, gädda, gös, öring och röding.

1 1/2 kg fisk
Salt
Smör till formen

Till fyllning:
1 fänkål
1 gul lök
2 msk smör
Blandade färska örter, t.ex. persilja, basilika och oregano

Till panering:
1 ägg
3 msk fint ströbröd

Till stekning:
2-3 msk smör
1-2 dl vispgrädde

Till servering:
Kokta grönsaker
Sallad

▪ Rensa, tag ur och skölj fisken. Salta den in- och utvändigt. Lägg den i en smord ugnsfast form.

Fyllning:
▪ Skiva fänkålen. Skala och grovhacka löken. Fräs fänkålen och löken i smöret på svag värme tills den blivit mjuk utan att ta färg. Tillsätt örterna lite grovt hackade.
▪ Fyll fisken och lägg den på sidan.

Panering:
▪ Pensla fisken med uppvispat ägg och strö över ströbrödet.

Stekning:
▪ Klicka på smöret och sätt in fisken i 225° varm ugn i 20-40 minuter beroende på fiskens storlek. Prova med en gaffel att fiskköttet är vitt och lossnar från ryggbenet.
▪ Ös fisken ett par gånger med skyn under tiden. Späd med grädden mot slutet.
▪ Servera fisken med skyn, kokt potatis, kokta grönsaker och en grön sallad.

STEKT UER

Norsk djuphavsfisk som har rödaktigt skinn och god smak.

8-10 filéer av uer
Mjöl
Smör till stekning

Till servering:
1 knippe dill
Citron
Färskpotatis
Sallad

▪ Doppa filéerna i mjöl och stek dem sedan gyllenbruna i rikligt med smör. Servera med en grönsallad, dillkvistar, citron och färskpotatis.

KÖTT, FÅGEL OCH VILT

Det finns ett italienskt talesätt som lyder som följer: "carne e pesce ti fanno vivere a lungo" (kött och fisk får dig att leva länge). Detta kanske inte är helt sant, men jag skulle ha svårt att leva utan! Kött är nämligen den sortens föda som jag verkligen kan få en stark längtan efter ibland. Jag äter visserligen mer pasta och fisk än jag äter kött. Oftast när det blir kött är det ljust kött som kalv och fågel eller kött från vilt. Men som sagt, ibland kommer suget efter en riktig biffstek. Att jag då, precis som när jag väljer mina grönsaker, försöker att välja ett kött av god kvalitet, som kommer från djur som haft ett bra liv och är svenskuppfött, är självklart. Variationsrikedomen i tillagningssätt är mycket stor. Att grilla, steka, ugnsbaka och koka i gryta är exempel på detta. Kokt kött är väldigt gott. Det tar lite tid men belöningen är stor. Det är få som kan motstå klassiska rätter som kokt rimmad oxbringa eller kokt lamm i dillsås. Detta för mig tillbaka till italienarna som är mycket duktiga på olika sorters grytor med kokt kött. På en restaurang i Rom serveras en gryta, bollito misto, som är olika sorters kött och korvar kokta i en underbar buljong. Ibland brukar jag skämta med min man om att det kanske är tur att vi inte vet exakt vilka delar vi äter eftersom romarna anrättar delar som vi kastar. De kallas i folkmun "quinto quarto", den femte fjärdedelen. Här finns delar som fötter, svansar och trynen. Låt oss ändå vara glada att bra kött numera är tillgängligt för de flesta människor och inte bara förunnat några få. Jag kan inte låta bli att avsluta med att berätta om en måltid tillagad åt påven

Pius V år 1570 som innehöll endast halstrat och stekt kött, fågel och vilt. Till de absoluta höjdpunkterna hörde fyllda duvor stekta i socker och kapris, lärkor i citronsås och en soppa på duvkött och mandelgrädde.

GRILLADE KYCKLINGFILÉER I GRÖN SÅS

Kycklingfilé är tacksamt att bjuda på. Det är omtyckt och uppskattat av de flesta. Det är enkelt att tillaga och köttet blir mört och fint. Det här receptet är enkelt, fräscht och gott. Det går också bra att använda kycklingbröst. Ris eller färskpotatis passar bra att servera till.

6 kycklingfiléer
1/2 dl olivolja
1 tärning av hönsbuljong

Sås:
2 fint hackade schalottenlökar
1 msk smör
1/2 liter buljong från morotskoket
1 knippe basilika och bladpersilja blandat
Salt och nymalen svartpeppar

Till servering:
6 skivor bacon eller sidfläsk
2 stora morötter
Ev. mangosalsa

▪ Pensla filéerna med olivoljan. Grilla dem i grillpanna på båda sidor så att de får ett vackert rutmönster. Ibland behöver de efterstekas i ugn några minuter för att bli helt genomstekta. Det går bra att göra i samband med såsen som ett sista moment.
▪ Knaperstek baconskivorna eller sidfläsket i en panna på spisen. Låt det rinna av på hushållspapper. Hacka det sedan grovt.
▪ Skala och skär morötterna i smala stavar. Koka upp buljongen och lägg ner morötterna i ett par minuter. Tag upp dem och låt dem rinna av. Spar buljongen till såsen.

Såsen:
▪ Finhacka schalottenlöken och fräs den i smöret. Häll på buljongen och låt det koka ihop i några minuter.
▪ Mixa basilika, persilja och buljongen i en mixer. Smaka av med salt och nymalen svartpeppar. Såsen kan förberedas och värmas precis före serveringen.

▪ Servera med nykokt färskpotatis eller kokt jasminris, fläskbitarna, morotsstavarna och eventuellt mangosalsan på sid. 27.

PARMALINDAD KYCKLINGFILÉ MED BALSAMICOSÅS

Här bjuder jag en risotto med svamp till kycklingfilén, men det går lika bra med potatis, ris eller pasta.

10 kycklingfiléer
10 skivor parmaskinka
1 kruka färsk rosmarin

Sky:
15 vitlöksklyftor
2 lagerblad
2 msk smör
3/4 dl god olivolja
3/4 dl balsamvinäger
Örtsalt och nymalen svartpeppar

▪ Finhacka ett par kvistar rosmarin och strö dem över kycklingfiléerna. Linda en skiva parmaskinka runt varje filé.
▪ Placera "paketen" i en ugnsfast form och tillsätt alla ingredienser till skyn. Lägg till sist ner några kvistar rosmarin bland filéerna.
▪ Stek i ugn på 175° i c:a 35-40 minuter.

SVAMPRISOTTO

En krämig och god risotto med nyskördad svamp gör succé till kycklingen på höstens buffébord.

600 g avorioris
75 g smör
1/2 dl olivolja
2 gula lökar
3 vitlöksklyftor
1 1/2 liter hönsbuljong
2 dl vitt vin
400 g blandad svamp, till exempel Karl Johan och kantarell

Till servering:
3 msk hackad persilja
4 msk hackade, marinerade soltorkade tomater
1 dl riven parmesan

▪ Skölj riset under rinnande vatten i ett durkslag. Koka upp hönsbuljongen. Smält under tiden hälften av smöret och all olivolja i en stor kastrull.
▪ Finhacka löken och fräs den tillsammans med pressad vitlök tills den är mjuk och har fått fin färg. Tillsätt resten av smöret och svampen i bitar. Låt puttra ihop i några minuter.
▪ Rör ner riset och tillsätt 4 dl av den kokheta buljongen. Ge det hela ett uppkok och låt sedan alltsammans koka under omrörning tills all vätska kokat bort. Tillsätt ytterligare 4 dl kokhet buljong och koka tills vätskan återigen kokat bort.
▪ Fortsätt på detta vis tills ingenting av buljongen återstår. Häll då till sist ner vinet och låt det koka in. Det brukar ta ungefär 25 minuter allt som allt.
▪ Tag grytan från värmen och rör ner persiljan, tomaterna och parmesanosten. Sedan är det viktigt att den serveras eftersom den är allra godast nu.

KYCKLINGFILÉ MED RÖD PESTO

Kycklingfilé är tacksamt och enkelt att fylla. En liten ficka snittas på sidan och sedan kan man lägga in vad man tycker passar, till exempel örter, salsor eller pesto. Här har jag gjort två varianter, en med fyllning av röd pesto och en med fyllning av rucolapesto.

6 stora kycklingfiléer
Drygt 1/2 dl röd pesto (se sid. 192)
Olivolja till formen
Salt och peppar

▪ Gör ett snitt längs sidan av filéerna. Lägg in c:a 1 msk röd pesto.
▪ Smörj en ugnsfast form med olivolja. Placera kycklingfiléerna i den. Salta och peppra.
▪ Stek i ugn på 175° i c:a 35 minuter.
▪ Servera med kokt ris, ugnsbakad potatis eller risotto och en grönsallad med svarta oliver.

KYCKLINGFILÉ MED RUCOLAPESTO

En variant av tidigare recept.

6 stora kycklingfiléer
Drygt 1/2 dl rucolapesto, (se sid. 192)
Salt och nymalen svartpeppar

▪ Tillaga som kycklingfilé med röd pesto.

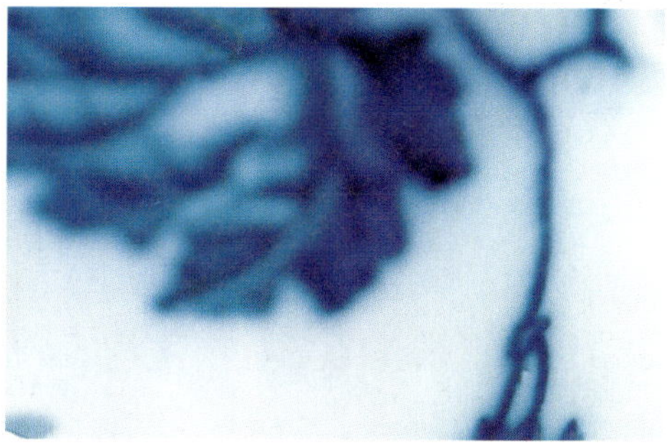

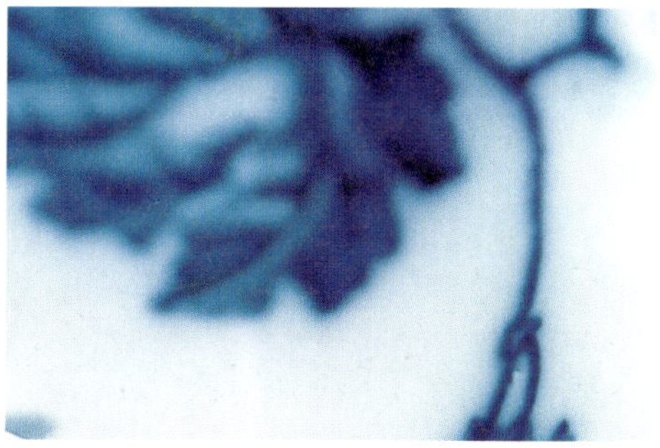

Marstrand. William i martallen vid Näckrosdammen.

UGNSSTEKT HEL FYLLD KYCKLING

Hel kyckling är väldigt enkelt att tillaga. Fyllningen kan varieras efter tillgång och smak. Jag gör nästan alltid olika fyllningar beroende på vad jag har för örter eller andra ingredienser hemma. Stora frigående kycklingar finns att köpa på saluhallar eller större livsmedelsbutiker.

1 stor frigående kyckling på minst 2 kg
Salt och nymalen svartpeppar
5 lagerblad
5 dl vatten
2 msk god olivolja

Fyllning:
Några kvistar basilika
Några kvistar persilja
Några kvistar rosmarin
Några kvistar salvia
1 vitlöksklyfta
1/2 dl god olivolja
2 lagerblad
3 vitlöksklyftor
Några gröna urkärnade oliver
1-2 citroner

Till servering:
Hela små potatisar som steks i ugnen samtidigt med kycklingen
Sallad

■ Skölj kycklingen in och utvändigt och torka av den. Gnid in den med salt och nymalen svartpeppar. Lägg kycklingen på ett galler ovanpå en långpanna. Häll vattnet i långpannan och tillsätt lagerbladen.
■ Pensla kycklingen med olivolja.

Fyllning:
■ Repa de färska örtkvistarna och hacka dem och den första vitlöksklyftan grovt. Blanda med olivoljan. Stöt alltsammans i mortel till en röra.
■ Lyft upp skinnet och stoppa in örtröran vid sidorna om bröstet och lite här och var där det går utan att skinnet går sönder.
■ Skiva oliverna och halvera citronerna. Lägg in dem i buken tillsammans med lagerbladen och de resterande vitlöksklyftorna.

■ Ställ in kycklingen i 225°, sänk värmen till 200° efter 30 minuter. Stek den i ytterligare c:a 35-45 minuter. Vänd den några gånger under tiden.
■ Stek potatisen på samma gång i långpannan. Sätt in den efter 30 minuter.

KYCKLING, RIS OCH CURRY

I varje familj finns det ett par rätter som lagas om och om igen. Kyckling, ris och curry är en sådan rätt i min familj. Ibland kokar jag flera kycklingar på en gång, gör en rejäl sats sås och fryser in i småportioner till barnens tidiga vardagsmiddagar.

1 kyckling
6 morötter
1 gul lök
2 lagerblad
Några vitpepparkorn

Sås:
2 msk smör
4 msk vetemjöl
1 msk curry
Salt
Buljong från kycklingen

Till servering:
Grönsallad
Ris

■ Skölj av kycklingen och lägg den i en kastrull. Fyll på rikligt med vatten så att det gott och väl täcker. Koka upp och skumma väl.
■ Skala morötterna och dela dem i mindre bitar. Halvera löken. Tillsätt grönsakerna till kycklingen tillsammans med lagerblad och peppar. Låt koka sakta i 40 minuter.
■ Tag upp kycklingen och dela den i fyra bitar. Låt svalna något så att det går lätt att ta bort köttet från benen.

Såsen:
■ Smält smöret i en gryta och vispa ner mjölet. Späd med buljongen från kycklingen och fortsätt att vispa så att såsen blir slät och fin. Smaksätt med curry och salt. Låt koka upp.
■ Lägg ner kycklingköttet och morötterna. Servera med ris och en grönsallad.

Se bild sid. 145.

FLÄSKFILÉ BOMBAY

I min hemstad Göteborg serveras fläskfilé Bombay och Africana gjord på oxfilé på de flesta restauranger. Här har jag gjort en egen variant av just fläskfilé Bombay.

800 g fläskfilé
Smör
2 morötter
2 msk curry
1-2 vitlöksklyftor
4-5 dl matlagningsgrädde
Salt och nymalen svartpeppar

Till servering:
1 burk konserverade mandarinklyftor
1-2 bananer i skivor
100-150 g cashewnötter
Mango chutney
Kokt ris

Till garnering:
Bladpersilja

■ Putsa filén fri från senor och hinnor. Dela den i c:a 2 cm tjocka skivor. Dela sedan varje skiva en gång till på tvären.
■ Hetta upp en rejäl klick smör i en panna med hög kant. Bryn köttet lätt på inte alltför hög värme. Sänk värmen något och låt det eftersteka ett par minuter.
■ Skala morötterna och dela dem i smala stavar. Tillsätt till köttet tillsammans med curryn. Pressa ner vitlöken och fräs ytterligare några minuter.
■ Tillsätt grädden och låt puttra i 5-10 minuter. Smaka av med salt och peppar. Garnera med persilja och servera med ris, tillbehören i små skålar och sallad.

WALLENBERGARE MED GRÖN ÄRT- OCH POTATISPURÉ

Här finns det verkligen historia bakom namnet! Det kommer från den mycket matintresserade Amalia Wallenberg. Hon var dotter till Ch. E. Hagdahl, mannen bakom kokboken från 1879, "Kokkonsten som vetenskap och konst", och sedermera också gift med häradshövding M. Wallenberg.

400 g kalvfärs
2 dl kaffegrädde eller vispgrädde
4 äggulor
Salt och nymalen vitpeppar

Ärt- och potatismos:
Knappt 1 kg potatis
2-2 1/2 dl mjölk
1 msk smör
1 litet paket tinade gröna ärtor
1 knippe gräslök

Till servering:
Rårörda lingon

■ Arbeta in grädden i färsen lite i taget. Tillsätt gulorna, en i taget, under fortsatt omrörning. Smaksätt med salt och vitpeppar.
■ Forma färsen till 8 mindre biffar. Hetta upp smöret i en stekpanna och stek wallenbergarna på svag värme i några minuter på varje sida tills de är gyllenbruna.
■ Skala och dela potatisen i mindre bitar. Koka den i lättsaltat vatten tills den blivit riktigt mjuk.
■ Häll av vattnet. Tillsätt de gröna ärtorna. Mosa med en potatisstöt, mixerstav eller elvisp. Värm mjölken tillsammans med smöret. Tillsätt lite i taget under kraftig omrörning tills moset blir luftigt och poröst.
■ Servera wallenbergaren och moset tillsammans med rårörda lingon.

KOKT RIMMAD OXBRINGA MED ROTFRUKTER OCH PEPPARROT

En riktig klassiker som förr alltid serverades med kokta grönsaker efter säsong. Om hösten är ju rotfrukterna väldigt fina och passar bra att servera till, på försommaren är det gott med primörer. Vill man ha skyn fylligare kan man tillsätta en skvätt grädde. Det är viktigt att köttet bara får sjuda, aldrig koka för häftigt, då kan det lätt bli torrt.

1 kg rimmad oxbringa
1 morot
1 gul lök
1 bit rotselleri
10 vitpepparkorn
2 lagerblad
1 vitlöksklyfta
1 tsk timjan

Till såsen:
2 msk smör
2 msk vetemjöl
5-6 dl buljong från köttkoket
Salt och nymalen vitpeppar
Ev. en skvätt grädde

Till servering:
C:a 1 kg blandade rotfrukter
1 tärning grönsaksbuljong
1 bit pepparrot
1 knippe persilja

■ Lägg köttet i kallt vatten i en inte alltför stor kastrull. Låt det sakta koka upp. Slå bort vattnet och häll på nytt.
■ Tvätta och ansa grönsakerna. Dela större i mindre bitar men skala dem inte. De ger mycket mer smak åt buljongen om skalet är kvar. Tillsätt grönsakerna till grytan tillsammans med kryddorna.
■ Låt köttet koka sakta i 1 1/2-2 timmar tills det känns mört.
■ Smält smöret till såsen och rör ner mjölet. Späd med buljongen under ständig vispning. Låt sjuda i c:a 5 minuter. Smaka av med salt och peppar samt eventuellt en skvätt grädde.
■ Skala och ansa rotfrukterna. Koka upp grönsaksbuljongen och koka dem inte helt mjuka.
■ Skär köttet i skivor och lägg

upp det på ett fat tillsammans med rotfrukterna. Häll över buljongen och servera tillsammans med färskriven pepparrot och grovhackad persilja.

STEKT SALSICCIA MED FÄRGGLATT ROTMOS

En härligt kryddstark korv får ersätta fläskkorven till ett färgglatt rotmos med inslag av rödbeta.

500 g salsicciakorv
1 liten klick smör

Rotmos:
2 morötter
1 stor rödbeta
1 kålrot (c:a 800 g)
5 potatisar (c:a 400 g)
1 tärning grönsaksbuljong
Salt och nymalen vitpeppar
1 msk smör

Till garnering:
Några kvistar timjan

■ Skala kålroten och morötterna. Koka dem i lättsaltat vatten i 25 minuter.
■ Koka rödbetan för sig med skalet på i c:a 25-30 minuter.
■ Skala potatisen och skär även den i bitar. Tillsätt den till grytan och koka ytterliga 25 minuter.
■ Slå spadet från grönsakskoket i en kastrull och koka upp det tillsammans med buljongtärningen.
■ Skala rödbetan under kallt vatten. Lägg ner den bland de övriga rotfrukterna.
■ Mosa rotfrukterna med en mixerstav eller elvisp. Låt inte moset bli helt slätt utan lite "grovt". Späd med den uppkokta buljongen till önskad konsistens.
■ Smaka av med salt och peppar. Rör till sist ner smöret. Garnera med timjan.
■ Stek korvarna i en panna med smör på inte alltför hög värme. Servera tillsammans med moset.

Fläskfilé Bombay, wallenbergare med grön ärt- och potatispuré, kokt rimmad oxbringa med rotfrukter och pepparrot, stekt salsiccia med färgglatt rotmos samt kyckling, ris och curry.

MARINERAD GRILLAD FLÄSKFILÉ MED ROSTADE CASHEWNÖTTER OCH UGNSBAKAD FÄRSKPOTATIS

Lätt att laga till många. Köttet blir väldigt mört av marineringen som görs dagen innan och det smakar faktiskt riktigt gott även kallt.

1 1/2 kg fläskfilé

Marinad:
1 dl olivolja
2 vitlöksklyftor
1/2 kruka mejram
1/2 kruka timjan
4 färska lagerblad eller 2 torkade
Knappt 1 msk paprikapulver
Knappt 1 tsk cayennepeppar
Gourmetsalt och nymalen svartpeppar

Till servering:
100 g cashewnötter rostade i het panna

Potatis:
2 kg färskpotatis
1 vitlök i klyftor
1 röd lök i skivor
1/2 kruka timjan
1 dl god olivolja
Gourmetsalt

■ Putsa filén fri från hinnor och skär den i 1 1/2 cm breda bitar.

Marinaden:
■ Stöt alla ingredienser till marinaden i en mortel. Blanda ner köttet och rör om. Lägg allt i en plastpåse och låt marinera i kyl i c:a 12 timmar. Vänd den några gånger under tiden.

Potatisen:
■ Borsta potatisen och pricka den med en gaffel. Skala vitlöksklyftorna. Skiva löken och repa timjankvistarna.
■ Blanda allt i en långpanna och ringla över oljan. Salta.
■ Baka potatisen i 175° i c:a 35 minuter eller tills den är klar.

Fläskfilén:
■ Grilla skivorna i het panna eller på utegrillen på bägge sidorna tills de är genomstekta.
■ Rosta cashewnötterna i en het panna på spisen och hacka dem grovt. Strö dem över köttet.

CŒR DE FILÉT PROVENÇALE

För vitlöksälskare! Pampig rätt att bära in på middagsbordet. Praktisk bjudrätt eftersom allt tillagas på samma fat och går att förbereda ända till sista upphettningen.

1-1 1/2 kg oxfilé
1 1/2-2 tsk salt
Nymalen svartpeppar
50 g smör

Potatis:
2 kg potatis
1 1/2 tsk salt
50 g smör

Vitlökssmör:
100 g smör
4-5 vitlöksklyftor
1/2 dl finhackad persilja

Till servering och garnering:
Grönsallad eller tomatsallad
Persilja

■ Skala och skär potatisen i mycket tunna skivor. Skölj av den i kallt vatten och torka av den på en handduk.
■ Smörj ett stort ugnssäkert fat med hälften av smöret. Bred ut potatisskivorna och salta.
■ Stek potatisen i mitten av ugnen på 225° i c:a 40 minuter. Täck den med folie under de första 15 minuterna. Klicka sedan ut resten av smöret och stek färdigt utan folie.
■ Bryn under tiden köttet i en stekpanna. Efterstek filén i 10-15 minuter på svag värme under lock. Den ska vara röd i mitten. Låt filén vila i 5 minuter innan den skärs upp i centimetertjocka skivor.
■ Lägg dem i en rad ovanpå potatisen.
■ Rör ihop smöret med den pressade vitlöken och finhackade persiljan. Bred ut det över köttet. Hit kan rätten förberedas i förväg.
■ Sätt in fatet i ugnen på 250° i c:a 5 minuter eller tills allt blivit genomvarmt och smöret smält. Garnera med persilja och servera genast tillsammans med en sallad.

MARINERAD GRILLAD OXFILÉ

En god marinad gör köttet saftigt och fint.

2 kg oxfilé (jag brukar köpa färsk, svensk dragen filé)

Marinad:
1 1/2 dl sweet chili
1/2 dl soja
1 dl olivolja
5 lätt krossade vitlöksklyftor

■ Blanda alla ingredienser till marinaden och häll den i en skål.
■ Skär köttet i skivor och lägg ner dem i marinaden. Låt marinera i kyl några timmar eller över natten. Vänd någon gång under tiden.
■ Grilla köttskivorna i grillpanna eller allra helst på utegrillen. Servera med råstekt potatis, grillad zucchini och tomatsallad.

Marinerad grillad fläskfilé med rostade cashewnötter och ugnsbakad färskpotatis samt cœr de filét provençale.

LAMMSTEK MED UGNSBAKAD RÖDLÖK, SYLTADE RÖNNBÄR OCH UGNSPOTATIS

En stek är perfekt bjudmat eftersom den nästan sköter sig själv. Det behövs bara lite koll på innertemperaturen mot slutet. Steken ska vara fint rosa när den skärs upp. Satsa alltid på en lammstek med ben, den ger så mycket saftigare och godare kött.

1 lammstek med ben på c:a 2 1/2-3 kg
Några kvistar rosmarin, salvia och persilja
6 vitlöksklyftor
Knappt 1 dl olivolja
Skalet av 1 citron
1 tsk gourmetsalt
1 kg små fasta potatisar med skal

Ugnsbakad rödlök:
6 små röda lökar
75 g smör
Några kvistar timjan
1 tsk gourmetsalt

Bönsallad:
300 g vaxbönor, gärna gula och svarta blandat
1 dl svarta oliver utan kärnor
300 g små körsbärstomater
Lite olivolja till pannan
Salt och nymalen peppar

Syltade rönnbär:
1/2 liter frostbitna rönnbär
5 dl vatten
4 dl strösocker
Ev. ett par matskedar konjak

■ Putsa steken fri från senor. Stick ett tiotal hål, c:a 5 cm långa, rakt in i steken lite här och var. Stöt de färska kryddorna i en mortel tillsammans med vitlök, rivet citronskal, salt och olivolja till en röra. Lägg lite av röran i varje hål i steken. Klappa sedan in det som blir kvar runtom köttet.
■ Stick in en termometer i den tjockaste delen på steken men inte för nära benet. Sätt in steken på ett galler med en långpanna under i 250° varm ugn. Sänk genast värmen till 200°. Stek i c:a 75 minuter för en stek på 3 kg. Innertemperaturen ska vara knappt 70°.

Potatis:
■ När 25 minuter återstår är det dags för potatisen. Koka den först i 5 minuter i en kastrull på spisen. Häll den sedan i långpannan med skyn som kommit från steken i ugnen. Vänd runt då och då.

Ugnsbakad rödlök:
■ Skala lökarna och gröp ur det mittersta på dem. Rör ihop smöret med timjan och salt. Fyll lökarna med smöret eller klicka ut det. Baka dem tillsammans med potatisen i 20 minuter.

Bönsallad:
■ Fräs alla ingredienser till bönsalladen i en panna i några minuter. Rör om försiktigt hela tiden.
■ Lägg ner bönsalladen bredvid potatisen när 5 minuter återstår.

Syltade rönnbär:
■ Rensa och skölj rönnbären. Koka upp vattnet och sockret till en sockerlag. Lägg ner rönnbären och sjud på svag värme tills de blir mjuka. Smaksätt eventuellt med ett par matskedar konjak.

■ Skiva upp steken och servera den med alla grönsakerna i långpannan, gelé och syltade rönnbär.

LAMMKOTLETTER MED CHÈVRESÅS OCH GRILLAD SÖTPOTATIS

Lamm, chèvre och sötpotatis har alla riktigt fina smaker som verkligen kommer fram i denna enkla men goda måltid.

C:a 15 små lammkotletter (3-4 per person)
1 knippe färsk rosmarin
God olivolja till pannan
Salt och nymalen svartpeppar

Sås:
6 dl hönsbuljong
1-2 vitlöksklyftor
2 dl vispgrädde eller matlagningsgrädde
75-100 g chèvre
Salt och nymalen peppar

Sötpotatis:
3 sötpotatisar
Smör till formen
1/2 dl olivolja
Gourmetsalt

Sötpotatisen:
■ Borsta sötpotatisen och klyfta den. Lägg klyftorna i en smord ugnsfast form. Ringla över olivolja och strö på gourmetsalt.
■ Grilla klyftorna mitt i ugnen i 15 minuter i 250°.

Såsen:
■ Koka upp buljongen. Lägg ner vitlöksklyftorna och koka ner såsen tills hälften återstår. Häll på grädden och låt såsen koka ihop i någon minut.
■ Tag kastrullen från plattan och riv ner chèvren. Rör om tills osten har smält. Smaka av med salt och peppar.

Kotletterna:
■ Ansa eventuellt kotletterna. Gnid in dem med rosmarin.
■ Hetta upp olivoljan i en grillpanna. Grilla kotletterna några minuter på varje sida. Salta och peppra. Lägg upp dem på ett fat och varva in lite rosmarinkvistar lite här och var.

Utanför restaurang Drott på Marstrand.

GRILLADE ANKBRÖST MED BLOMKÅLSPURÉ

Ankbröst är mycket gott. Köttet är ganska fett men det är just det som ger den fina smaken.

5-6 ankbröst beroende på storlek
Gourmetsalt och nymalen svartpeppar
God olivolja

Blomkålspuré:
1 blomkålshuvud
2-3 msk smör
2 msk yoghurt naturell eller crème fraiche
Salt och nymalen svartpeppar

■ Gnid in ankbrösten med salt och peppar. Grilla dem i en panna eller på utegrillen 7-10 minuter på varje sida. Skinnet ska bli knaprigt och köttet ljust rosa. Skär upp brösten i sneda skivor.

Blomkålspurén:
■ Skär bort stammen från blomkålshuvudet och dela det i mindre bitar. Koka bitarna riktigt mjuka i vatten. Mixa sedan alla ingredienser till en slät puré.

GRILLAD KALVENTRECÔTE MED RÖDBETSSPETT, CHÈVRECRÈME OCH SÖTPOTATIS

Kalventrecôte är mycket god att grilla. Den kan ibland vara lite svår att få tag på men går alltid att beställa.

6 kalventrecôter
2-3 sötpotatisar
Olivolja
Gourmetsalt
Några kvistar citrontimjan eller vanlig timjan

Till spetten:
8-12 små rödbetor
8-12 små röda färska lökar
8-12 salviablad

Chèvrecrème:
75 g chèvre
50 g smör

■ Skala sötpotatisen och dela den i klyftor. Lägg klyftorna i en ugnsfast form med lite olivolja. Strö över lite salt och några kvistar timjan.

Spetten:
■ Skölj rödbetorna och förkoka dem i 15 minuter. Trä upp dem på små spett varvat med lökarna och salviabladen.

■ Baka sötpotatisen och spetten i 200° i c:a 20 minuter. Vänd runt potatisen någon gång under tiden.

Chèvrecrèmen:
■ Rör ihop chèvre och smör till lagom konsistens.

■ Grilla kalventrecôten på grillen eller i en grillpanna några minuter på varje sida. Servera tillsammans med de olika tillbehören och en grön sallad.

Nästa uppslag: *Helstekt entrecôte med blommig sallad och olivoljeslungade minimorötter.*

2 msk olivolja
persilja

1 citron saft
1 dl vatten
oliv olja

HELSTEKT ENTRECÔTE

Helstekt entrecôte är enkelt och praktiskt att tillaga till en middagsbjudning. Den kräver sin tid i ugnen men arbetsinsatsen är inte så stor. En hel entrecôte räcker till 7-8 personer. Råstekt potatis eller kokt färskpotatis passar bra att äta till.

1 1/2 kg entrecôte i bit
1 vitlöksklyfta
Salt och nymalen peppar
4 msk smör

Sås:
Stekskyn
3-4 dl vispgrädde
2 dl vatten
Salt och peppar

■ Gnid in köttet med vitlöksklyftan, saltet och pepparn. Hetta upp smöret i en stekpanna och bryn köttet hastigt runtom.
■ Sätt in en stektermometer i den tjockaste delen av köttet. Lägg det med den feta sidan upp på ett stekgaller över en ugnsfast form eller långpanna. Sätt in köttet i 125° i c:a 1 1/2 timme eller tills termometern visar 60°. Tag ut köttet och linda in det i folie. Låt det vila i c:a 5 minuter innan det skärs upp i tunna skivor.

Såsen:
■ Vispa ur pannan med skyn och tillsätt grädden. Låt koka upp och späd med vattnet. Smaka av med salt och peppar.

■ Servera med potatis, kokt färsk eller råstekt, sallad och minimorötter med olivolja och grovt salt (recept se sid. 60).

OSSO BUCO

En underbar gryta med kalvlägg från Lombardiet i Italien. Ett viktigt tillbehör är gremolata, som också är mycket användbart till de flesta kötträtter. Ingredienserna kan tyckas många och receptet krångligt, men det är precis tvärtom: osso buco är en perfekt bjudrätt som går att förbereda med gott resultat. Till fest bjuder jag också på en liten potatisgalette, annars går det bra med kokt potatis, ris eller färsk pasta.

4 morötter
4 stjälkar blekselleri
2 röda lökar
1 gul lök
7-8 vitlöksklyftor
75 g smör
8 skivor kalvlägg, c:a 3 kg
Salt, nymalen svartpeppar och mjöl att vända köttet i
1 dl god olivolja
1 1/2-2 dl vitt torrt vin
1 kg väl mogna bifftomater
1 knippe bladpersilja
C:a 5 dl köttbuljong (knappt 2 dl i första spädningen av skyn och resten i omgångar under kokningen i ugnen)
5 lagerblad
Timjan, oregano, salt och nymalen svartpeppar att smaka av osso bucon med
Bomullssnöre att binda upp köttet med

■ Skala och skär morötter, selleri, lökar och vitlök i små bitar. Smält 50 g smör i en gryta. Rör ner grönsaks- och lökblandningen. Låt fräsa tills allt fått fin färg.
■ Bind om köttskivorna med bomullsgarn. Salta och peppra. Vänd dem i mjöl.
■ Blanda smör och olivolja i en stekpanna. Bryn köttet ljust brunt på båda sidor. Tag upp köttet och lägg det ovanpå grönsakerna i stekgrytan.
■ Häll bort fettet från stekpannan utan att skölja den. Koka ur pannan med det vita vinet och låt koka tills det återstår drygt 1/2 dl av vätskan.
■ Skålla och skala tomaterna. Hacka dem fint och grovhacka persiljan, både blad och stjälkar.
■ Späd stekskyn med 2 dl av köttbuljongen. Lägg i samtliga kryddor och tomathacket. Koka upp och smaksätt med salt och peppar.
■ Häll såsen över köttet. Koka upp grytan ovanpå spisen. Lägg över ett lock och ställ in grytan i ugnen på 175°.
■ Låt grytan sjuda i c:a 2 1/2 timme. Späd då och då med mer buljong.
■ Lägg köttskivorna i en skål. Häll över grönsakerna och strö till sist över gremolatan strax före servering.

GREMOLATA

En god kryddröra som ger frisk smak och ljuvlig doft till anrättningen.

2 citroner
1 lime
2 knippen bladpersilja
8 vitlöksklyftor

■ Tvätta citroner och lime noga. Riv av skalet.
■ Finhacka persiljan och vitlöken.
■ Blanda alltsammans.

POTATISGALETTER

Jag gör galetterna i små portionsformar. Det är både vackert och praktiskt.

10-12 fasta potatisar
75 g smör
Salt och nymalen svartpeppar

■ Skiva potatisen tunt. Lägg skivorna omlott i två lager i väl smorda ugnsfasta portionsformar. Lägg över en rejäl klick smör. Salta och peppra.
■ Baka potatisgaletterna i 200° i c:a 20 minuter.

REN MED GRÄDDKOKT SAVOYKÅL OCH KASTANJER

Ett fint innanlår av ren är både saftigt, gott och lättlagat. Kastanjerna är det lite pyssel med, men det är väl värt besväret eftersom de är så goda.

C:a 1 1/2 kg innanlår av ren
2 tsk salt
En klick smör
1/2 dl olivolja
4 morötter
1 liten selleri
2 gula lökar
Det gröna av två purjolökar
1 vitlök i klyftor
3-4 lagerblad
1 kvist timjan
1 tsk krossad vitpeppar
2 tsk enbär

Sås:
5 dl sky (av 5 dl buljong och 2 dl rött vin)
125 g smör
Salt och nymalen vitpeppar

Gräddkokt savoykål:
1 litet huvud savoykål
3 dl vispgrädde
Örtsalt

Kastanjer:
1/2 kg kastanjer
Grovt salt till formen
50 g smält smör

■ Bind om steken med ett bomullssnöre så att den får en fin form efter stekningen. Gnid in hela steken med salt.
■ Hetta upp smör och olivolja i en stekpanna eller stekgryta. Bryn steken runtom på inte alltför hög värme i 10-15 minuter.
■ Skala morötter, selleri och gul lök. Skölj purjolöken. Dela alla grönsaker i mindre bitar.
■ Sätt in en köttermometer i köttet. Ställ sedan in pannan med köttet i ugnen i 175° (om pannan är för liten går det bra att använda en långpanna). Lägg ner grönsakerna tillsammans med vitlöksklyftor och kryddor. Stek i 40-45 minuter tills köttets innertemperatur är knappt 70°.
■ Tag ut steken ur ugnen och låt den vila inslagen i folie.

Kastanjerna:
■ Snitta ett kryss på kastanjernas spetsiga ände. Täck en ugnsfast form med grovt salt och placera kastanjerna ovanpå.

■ Baka i 225° i c:a 30 minuter. När 5 minuter återstår hälls det smälta smöret ovanpå.

Såsen:
■ Tillsätt buljong och rödvin till pannan i ugnen och låt allt koka ihop i 15 minuter. Sila skyn och häll den i en kastrull. Koka ihop den tills det återstår c:a 5 dl. Tag bort kastrullen från plattan. Klicka ner smöret under ständig omrörning utan att såsen får koka. Smaka av med salt och peppar.

Den gräddkokta savoykålen:
■ Strimla kålen tunt. Koka den sedan i grädden tills den blivit mjuk. Smaka av med örtsalt.

■ Skär upp köttet i skivor och servera tillsammans med rotfrukterna, savoykålen, skyn och kokt potatis.

RÅDJURSSTEK MED SYLTADE RÖNNBÄR OCH INLAGD GURKA

En lyckad höstmåltid som tillagas utan besvär. Tillbehör som mandelpotatis, syltade rönnbär (recept sid. 149) och inlagd gurka tillför det där lilla extra.

1 1/2 kg rådjursstek med ben
2 tsk salt
1 klick smör
1/2 dl olivolja
4 morötter
1 liten rotselleri
2 gula lökar
Det gröna av 2 purjolökar
1 vitlök
3-4 lagerblad
1 kvist timjan
1 tsk krossade vitpepparkorn
2 tsk torkade enbär
4 dl god buljong
2 dl rött vin

Inlagd gurka:
2 slanggurkor
1 stor eller 2 mindre röda lökar
2 msk gula senapsfrön
10 rosépepparkorn
3-4 lagerblad
8 dillkronor

Lag:
2 dl ättiksprit
Drygt 2 1/2 dl vatten
6 1/2 dl strösocker
Knappt 1/2 dl salt

■ Be att få steken urbenad i affären, men behåll benet för det behövs till skyn. Bind om steken med ett bomullssnöre så att den får en fin form efter stekningen. Gnid in hela steken med salt.
■ Hetta upp smöret och olivoljan i en stekpanna och bryn steken runt om.
■ Skala morötter, selleri och gul lök. Skär dem i mindre bitar. Skölj purjolökarna och dela det gröna i mindre bitar. Tillsätt köttbenet till steken och bryn ytterligare 10-15 minuter på inte alltför hög värme.
■ Sätt in en köttermometer i den tjockaste delen av steken. Ställ in pannan med kött och ben (eller byt pannan mot en långpanna) i ugnen i 200°. Lägg ner grönsakerna tillsammans med vitlöksklyftorna och kryddorna. Stek sedan i 40-45 minuter tills köttets innertemperatur är 70°.
■ Tag ur steken ur ugnen och linda in den i folie för att vila. Skrapa mandelpotatisen och lägg den tillsammans med grönsakerna. Tillsätt buljong och rödvin till pannan i ugnen och låt allt koka ihop i c:a 15-20 minuter.

Inlagd gurka:
■ Skiva gurkan tunt med en osthyvel. Skala och skiva löken.
■ Blanda i en stor glasburk gurkskivor, lökringar, senapsfrön, rosépepparkorn, dillkronor och lagerblad.

Lagen:
■ Blanda alla ingredienserna i en kastrull. Koka upp och rör om. Häll den heta lagen över gurkan i glasburken. Sätt på ett lock och låt den stå någon dag för att ta smak.

■ Skiva upp steken. Lägg skivorna ovanpå grönsakerna och servera med tillbehören.

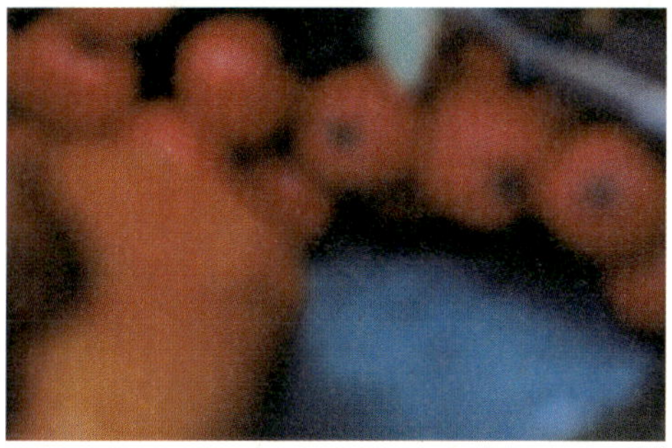

Nästa uppslag: *Rådjursstek med syltade rönnbär och inlagd gurka.*

SMÅTT OCH GOTT

Jag är barnsligt förtjust i att både servera och äta många smårätter som bjuds samtidigt. Chansen att få uppleva olika smaker och få sig goda idéer till livs ifråga om serveringsförslag är så mycket större än vid en måltid som består av en fastställd förrätt, varmrätt och efterrätt. Det är numera inte ovanligt att jag vid ett restaurangbesök beställer in tre olika förrätter i stället för den vanliga måltidsordningen. Med dagens influenser från exempelvis spanjorernas tapas har det också blivit ett vanligare sätt att äta även för oss nordbor, så serveringspersonalen brukar inte reagera nämnvärt. Smårätter är tacksamma att bjuda på. Förutom att de kan serveras som aptitretare till drinken kan de utgöra tillbehöret till varmrätten eller vara ensamrätt på buffébordet. Tanken på att laga så många smårätter och sedan diska allt efter sig kan kanske kännas avskräckande. Men rädslan är obefogad. Mycket kan göras i förväg, och på en buffé äter ju gästerna alla rätter på samma tallrik förutom desserten, så mängden disk kan rent av bli mindre än vid den traditionella middagsbjudningen med tre rätter. Sedan kan man utan krångel arrangera smårätterna. Skönheten ligger i att ingredienserna får tala för sig själva. Det är inte ansträngande att servera ostarna på ett stort blad av exempelvis fikon, att blanda färska örter i salladen, lägga bröden i korgar eller dekorera maten med ätliga färgglada blommor. Till sist kommer det kanske svåraste och viktigaste: att inte längre bekymra sig för maten när gästerna anlänt. Med en grundlig planering, spirande fantasi och stor gästfrihet kommer tillställningen att bli lyckad och alla få sig något smått och gott att äta.

VIN CHAUD

En värmande dryck på senhösten och vintern. Det här behövs per person.

1 glas rödvin
2 msk strösocker
Lite rivet apelsinskal

■ Värm vinet (det får absolut inte koka) och rör ner sockret så att det löser sig. Riv ner lite apelsinskal och häll upp vinet i ett förvärmt glas. Knyt en servett kring glaset och servera.

Scones med apelsin-citronkräm och clotted cream.

GRATINERAD CHÈVRE MED FIKON OCH GRANATÄPPLE

Gott att servera som förrätt, på en buffé eller som vickning. Bröd och rött vin hör till. Receptet räcker till 8-10 personer.

1 1/2 stor ask (c:a 150 g) rucolasallad
8-10 rejäla skivor chèvre, à 100 g
4-5 färska fikon

Till servering och garnering:
2 granatäpplen
1 dl flytande honung
Några droppar balsamvinäger

■ Skölj och dela salladen något. Bred ut den på ett fat.
■ Lägg chèvreskivorna på en bakplåtspappersklädd plåt. Gratinera i ugnen på 250° i c:a 5 minuter. Tag skivorna från plåten med hjälp av en bred stekspade och lägg dem på salladsbädden.
■ Dela fikonen mitt itu. Lägg dem runt ostskivorna.
■ Dela granatäpplena mitt itu och gröp ur de små röda kärnorna. Strö ut dem över osten. Ringla över honungen och skvätt över några droppar balsamvinäger.

PARMASKINKA MED FÄRSKA FIKON

En rätt som kom till för att få något nytt och fräscht till mitt julbord.

1 stor ask (100 g) rucolasallad
10-12 skivor parmaskinka
5-6 färska fikon
Balsamvinäger
God olivolja
Gourmetsalt
Nymalen svartpeppar

■ Bred ut rucolasalladen på ett fat. Fördela parmaskinkan och delade fikon ovanpå. Skvätt över olivolja och balsamvinäger. Smaka av med gourmetsalt och svartpeppar.

Gratinerad chèvre med fikon och granatäpple.

SCONES MED APELSIN-CITRONKRÄM OCH CLOTTED CREAM

Scones är lätt att baka och går snabbt att göra. De ska bakas samma dag som de ska ätas eftersom de inte smakar så bra dagen efter. De är goda på en tebjudning med olika sorters marmelad, färskost, lemon curd och clotted cream.

7 dl vetemjöl
1 dl grahamsmjöl
3 tsk bakpulver
1 1/2 tsk salt
100 g smör
3 dl mjölk

■ Blanda alla torra ingredienser i en bunke. Tillsätt smöret i bitar och arbeta ihop degen med händerna. Tillsätt mjölken och knåda hastigt ihop till en smidig deg.
■ Forma drygt 20 små bullar som placeras på väl smorda plåtar. Platta till dem med handen. Snitta ett kryss. Grädda sconesen i 250° varm ugn i c:a 10 minuter.

Apelsin-citronkräm:
Apelsin-citronkräm kan också användas som fyllning i kakor. Den håller sig en vecka till 10 dagar i kylskåpet. Som variation kan krämen göras med bara citronsaft.

2 ägg
2 dl strösocker
Saften av 1 citron
Saften av 1 apelsin
75 g smör

■ Vispa ägg och socker i en tjockbottnad gryta. Tillsätt citron- och apelsinsaften och vispa ytterligare någon minut.
■ Blanda ner smöret skuret i småbitar. Sjud blandningen i ett vattenbad tills konsistensen blir som en tjock kräm. Rör kraftigt hela tiden.
■ Häll upp krämen i väl rengjorda glasburkar och förslut. Förvara i kylskåp.

Clotted cream:
Ett mycket engelskt och klassiskt tillbehör på en tebjudning. Ingrediensen är endast en: vispgrädde!

1 liter vispgrädde

■ Ställ en rostfri bunke över en kastrull med vatten. Låt vattnet koka upp, sänk värmen så att det endast sjuder. Häll grädden i skålen. Låt stå utan att röra tills ytan blivit tjock. Det brukar ta ungefär 1 1/2 timme. Det är mycket viktigt att varken vattnet eller grädden kokar.
■ Ställ sedan gräddskålen kallt i 4-5 timmar eller över natten. Tag upp den tjocka kakan som bildats på ytan och rör den mjuk med lite av den resterande grädden. Konsistensen ska vara som rumsvarmt smör. Servera i en skål eller forma små portionsbollar.

TRE SNITTAR AV PUMPERNICKEL

Färgglada snittar. De olika påläggen är formade till små bollar.

Pumpernickel, modell runda mindre

Avokadomousse:
En len mousse som måste förpackas väl och förvaras i kyl så att den inte mörknar och blir tråkig i färgen.

2-3 avokador
Saften av 1/2 citron
2 msk fint hackad bladpersilja
Örtsalt

■ Skala avokadon och tag bort kärnan. Mosa köttet med en gaffel eller visp. Vispen ger en slätare mousse. Tillsätt citronsaft och persilja. Smaka av med örtsalt.
■ Forma små bollar av moussen och lägg en boll på varje pumpernickel.

Tomatsalsa:
Salsan, som fått lite sting av chili, bör stå till sig minst en timme innan den serveras.

4-5 kvisttomater
1 salladslök
1 vitlöksklyfta
1 liten röd chili, till exempel spansk peppar
Örtsalt
2 msk fint hackad basilika eller bladpersilja

■ Skölj, skala och kärna eventuellt ur tomaterna. Hacka dem sedan fint.
■ Kärna ur chilin och finhacka den. Finhacka även salladslöken och vitlöksklyftan.
■ Blanda tomathacket med de övriga ingredienserna. Ställ åt sidan att dra.
■ Forma sedan bollar och lägg upp dem på pumpernickel.

Laxbollar med lime och pepparrot:
Jag använder färskrökt lax, men som variation kan även färsk lax användas. Den bör då frysas innan.

200 g färskrökt lax
1 msk pepparrotsvisp
1 msk fint hackad gräslök

Till servering:
Rivet skal av 1 lime

■ Finhacka laxen. Blanda försiktigt med övriga ingredienser. Forma bollar och lägg på pumpernickel. Riv till sist över lite lime.

SMÖRDEGS-LINDAD SPARRIS

Ett trevligt och roligt tilltugg till drinken.

1 1/2 platta fryst smördeg
20 gröna sparrisar
1 tärning av grönsaksbuljong
1/2 dl grön pesto (se sid. 192) eller 1 ägg

■ Tina och kavla ut smördegen.
■ Ansa och skär bort nedre delen av sparrisen. Koka upp buljongen och förväll sparrisen i några minuter.
■ Pensla smördegen med uppvispat ägg eller pesto. Skär ut 20 remsor av smördegen. Linda remsorna runt varje sparris.
■ Lägg sparrisarna på ett bakplåtspapper. Baka i ugn på 200° i 10–15 minuter.

SMÖRDEGSMÅNAR MED SPENAT, GRÄDDE OCH CHÈVRE

Spröda månar som fylls med en krämig fyllning.

1 paket frysta smördegsplattor
Mjöl

Fyllning:
2 msk smör
100 g färsk spenat
50 g chèvre
1 dl grädde

Till pensling:
1 ägg

■ Börja med fyllningen eftersom den behöver svalna av innan den läggs på smördegen.
■ Smält smöret i en kastrull. Tillsätt spenaten och rör om. Låt fräsa i några minuter. Tillsätt chèvre och grädde. Rör tills allt smält till en slät massa. Ställ åt sidan att svalna.
■ Tina smördegsplattorna och kavla ut dem, men inte för tunt, på ett mjölat bakbord. Tag ut rundlar med hjälp av ett glas.
■ Lägg en tesked av spenatröran på ena sidan av varje rundel. Vik ihop och tryck till kanten ordentligt med en gaffel.
■ Lägg månarna på en bakplåtspappersklädd plåt. Pensla med uppvispat ägg och grädda i ugn på 200° i 10–12 minuter.

SNITTAR MED OMELETT, DILLPESTO OCH RÄKOR

Goda snittar med krämig omelett och dillpesto.

1 baguette
Olivolja

Dillpesto:
1 stort knippe dill
25 g pinjenötter
50 g parmesan
2 vitlöksklyftor
1 dl god olivolja
Salt och nymalen svartpeppar

Omelett:
7 ägg
1/2 dl mjölk
Smör till stekning
Salt och nymalen vitpeppar

Till garnering:
10–15 räkor
Dill

■ Skär baguetten i skivor och pensla dem med olivolja. Rosta dem i ugn tills de är gyllene på båda sidor.

Dillpeston:
■ Kör alla ingredienser utom oljan i en mixer. Tillsätt oljan lite i taget till rätt konsistens.
■ Smaka av med salt och peppar.

Omeletten:
■ Vispa ihop äggen och mjölken. Hetta upp smöret i en panna. Häll i äggsmeten och drag hela tiden med en träslev längs botten tills det blir en krämig omelett. Salta och peppra.
■ Lägg en bit omelett och sedan en klick dillpesto på varje baguetteskiva. Toppa med räkorna och en liten dillkvist.

VINBLADSDOLMAR MED MOZZARELLA OCH RÖD PESTO

Små dolmar som jag gör på färska vinblad.

2 buntar färska vinblad (c:a 40 stycken, hälften ska vara till garnering) eller 1 burk konserverade, c:a 20 stycken
2 mozzarellaostar

Röd pesto:
Recept se sid. 192

Till garnering:
Ev. vinblad och mangoldskott

■ Förväll hälften av de färska vinbladen i någon minut, tag bort skaften. Skölj av de konserverade och klappa dem torra.
■ Dela mozzarellan i tjocka skivor tvärs över och sedan en gång på längden.
■ Kör alla ingredienser till peston i en mixer. Tillsätt oljan lite i taget till lagom konsistens.
■ Bred ut vinbladen. Fördela en bit mozzarella och en klick pesto på varje blad. Rulla ihop till en dolme.
■ Lägg dem på ett ugnsfast fat och baka dem i ugn på 175° i 10–15 minuter. Garnera eventuellt med de resterande färska vinbladen och fint hackade stjälkar av mangoldskott.

Smördegslindad sparris, smördegsmånar med spenat, grädde och chèvre, snittar med omelett, dillpesto och räkor samt vinbladsdolmar med mozzarella och röd pesto.

ZUCCHINI-BRUSCHETTA

Få har lärt sig uppskatta grillade och stekta grönsaker som aubergine och zucchini. Det här är en trevlig smörgås som uppskattas av alla. Servera som tilltugg till drink eller som förrätt.

1/2 kg zucchini
3-4 vitlöksklyftor
1/2-1 dl olivolja
Örtsalt
4-6 skivor lantbröd

Till garnering:
Några svarta oliver

■ Hyvla zucchinin i tunna skivor med en osthyvel och skiva vitlöken tunt.
■ Värm olivoljan i en panna till medelvärme. Lägg ner vitlöken. Låt den bli mjuk och ge smak åt oljan. Den får absolut inte bli brun, då blir den besk.
■ Tillsätt zucchinin och stek den mjuk i 10-15 minuter. Smaka av med örtsalt.
■ Pensla brödskivorna med olivolja och rosta dem i ugn i några minuter. Lägg på zucchinin och strö ut oliverna.

BRUSCHETTA x 3

En klassisk bruschetta är den med hackad tomat, basilika, salt och olivolja, men här följer några varianter som mycket väl kan kombineras.

Till bruschettan:
2-3 baguetter
1 dl olivolja
5 vitlöksklyftor
Örtsalt

■ Dela baguetten i c:a 1 1/2 cm tjocka, sneda skivor. Lägg skivorna på en oljad plåt. Pressa ner vitlöken i oljan och pensla brödskivorna rikligt med den.
■ Ställ in skivorna i 200° varm ugn i 10-12 minuter. Vänd dem efter halva tiden. Tag ut skivorna och bred ut dem på fat. Lägg på de olika påläggen.

Klassisk bruschetta:
3-4 tomater
1 dl grovt hackad färsk basilika
Några matskedar olivolja
Örtsalt

■ Hacka tomaterna fint och blanda dem med övriga ingredienser.
■ Lägg på tomathacket precis före servering.

Salamibruschetta med ricotta:
250 g ricotta
3 msk hackade soltorkade tomater, gärna marinerade
1/2 dl fint hackad färsk basilika
C:a 50 g tunt skivad salami
Några svarta oliver
Örtsalt

■ Blanda ner soltorkade tomater och basilikablad i ricottan. Smaka av med örtsalt. Bred röran över brödskivorna. Placera några salamiskivor på varje bröd och dekorera med en oliv.

Svensk bruschetta med lax:
1 knippe sparris
2 tuber (130 g) pepparrotsvisp
150 g färskrökt lax
Några jättekapris med skaft

■ Ansa sparrisen och dela den i två delar. Vi ska bara använda delen med knoppen. Koka den några minuter i lättsaltat vatten. Låt rinna av.
■ Bred ut pepparrotsvisp på brödet och lägg över sparris inlindad i laxskivor. Garnera med jättekapris.

Zucchinibruschetta och bruschetta x 3.

Parmaskinka med jättekapris och örtolja. ***Ovan:*** *Parmaknyten med fikon och soltorkad tomat.*

PARMASKINKA MED JÄTTEKAPRIS OCH ÖRTOLJA

En bra "extrarätt" att ta till när det känns lite lite på bufféborden, eller att servera i sällskap med några goda ostar och en bit bröd som en lunch. Passar till nästan allting!

12-15 tunna skivor parmaskinka
C:a 1 dl god olivolja
Ett par matskedar finhackade färska örter
1 burk jättekapris

■ Lägg upp parmaskinkan på ett fat. Strö över kaprisen. Blanda örterna med olivoljan och droppa den över.

PARMAKNYTEN MED FIKON OCH SOLTORKAD TOMAT

Små knyten av parmaskinka som är fyllda med färskost.

8 urkärnade svarta oliver
8 soltorkade tomater, gärna marinerade
100 g färskost eller Philadelphiaost
10 långa skivor parmaskinka
10 gräslöksstrån
1 stor ask (100 g) rucolasallad
4-5 färska fikon
Några jättekapris

Till servering:
God olivolja
Balsamvinäger
Gourmetsalt

■ Finhacka oliverna och 6 av de soltorkade tomaterna. Blanda med osten.
■ Fördela en klick på varje skiva parmaskinka. Vik upp kanterna och knyt ihop till ett paket med hjälp av ett strå gräslök.
■ Bred ut rucolasalladen på ett fat. Dela fikonen och finhacka de resterande tomaterna.
■ Fördela knytena, fikonen, tomaterna och kaprisen ovanpå salladen. Servera tillsammans med en god olivolja, balsamvinäger, gourmetsalt och ett gott bröd.

UGNSSTEKT PARMASKINKA MED PARMESAN OCH SPARRIS

En rätt som går att göra väldigt elegant om man gör små "portionsbakelser". Det går även bra att servera allt tillsammans på ett stort fat.

12 skivor parmaskinka
Olivolja
Nymalen svartpeppar
1 tärning grönsaksbuljong
2 knippen färsk grön sparris (24 sparrisar)
200 g färsk spenat
3-4 fint hackade marinerade soltorkade tomater
1 bit parmesan

Dressing:
1/2 dl balsamvinäger
2 dl god olivolja
Några kvistar färsk basilika

■ Bred ut parmaskinkan på en bakplåtspapperklädd plåt. Skvätt över olivolja och peppra. Ugnsstek skinkan i 175° i 25 minuter tills den är knaprig.
■ Koka upp buljongen. Dela och ansa sparrisen. Lägg ner den i buljongen och låt den koka i knappt 10 minuter. Tag upp den och låt den rinna av.
■ Fördela spenat och sparris på ett stort fat eller flera mindre. Ställ de ugnsstekta parmaskinkorna upp med hjälp av sparrisen. Strö ut tomathacket. Hyvla till sist över parmesanosten.
■ Vispa ihop ingredienserna till dressingen och häll den över.

Variation:
Vintertid kan sparrisen bytas ut mot färska fikon som grillas. Pensla dem med olivolja och balsamvinäger och grilla dem i het panna några minuter på varje sida.

Ugnsstekt parmaskinka med parmesan och sparris. ***Nästa uppslag:*** *Sallad på oxfilé i skålar av gurka och svamp på vinlöv med sidfläsk.*

SVARTA KAVIARÄGG PÅ ROSENBLAD

Läckra svarta äggformade kaviarbullar som kan serveras antingen till drinken eller som tillbehör till förrätten med pilgrimsmusslor och alger (recept sid. 105).

100 g svart kaviar
Skal och saft av 1 lime
1 schalottenlök

Till garnering:
Några strån gräslök

Till servering:
Rosenblad
Ev. lite crème fraiche

■ Riv av skalet och pressa saften ur limefrukten. Finhacka schalottenlöken mycket fint.
■ Blanda alla ingredienser och låt dra i en timme.
■ Plocka ut några stora vackert röda kronblad av rosor och lägg dem på ett fat i formen av en blomma. Forma kaviaren till små ägg och placera dem på bladen. Dekorera med gräslök och servera eventuellt med crème fraiche.

FRITERAD MINIMOZZARELLA MED LIME

Lite pyssel är det med friteringen. Men med så frasiga och goda små ostbollar är det väl värt besväret. Tänk på att aldrig ha fläkten på vid fritering och ha alltid ett lock till hands om oljan skulle bli för het och fatta eld.

4 påsar minimozzarella (Bocconcini di mozzarella) à 125 g
2 ägg
2 dl ströbröd
Olja till fritering (ej olivolja)
Skalet av 1 lime

■ Låt mozzarellan rinna av i ett durkslag.
■ Vispa upp äggen. Doppa varje mozzarella i äggen och sedan i ströbrödet.
■ Värm oljan. Prova om den har rätt temperatur med en liten vit brödbit. Den ska bli gyllenbrun när den kommer ner i oljan.
■ Fritera ostbollarna i några minuter i omgångar tills de är vackert bruna.
■ Lägg upp dem i en skål och riv till sist över skalet från limefrukten.

Se bild sid. 42

MARINERAD FETAOST

Fetaost passar utmärkt att marinera och bjuda på en buffé, gärna i sällskap av svarta oliver och rödbetor.

600 g fetaost
2 msk torkad oregano
2 msk rosépepparkorn
4 röda chilifrukter, till exempel spansk peppar
En kruka rosmarin
1 lime
C:a 3 dl god olivolja

■ Klappa fetaosten torr och dela den i inte alltför små bitar.
■ Lägg bitarna i en skål och strö över oregano och rosépeppar.
■ Snitta chilifrukterna och tag ur fröna. Strimla två av dem fint. De andra två snittas på längden. Skiva limen. Blanda ner strimlad och snittad chili med skivor av lime och kvistar av rosmarin i osten.
■ Häll på olivolja så att det täcker. Låt stå svalt att marinera i minst ett dygn.
■ Stjälp upp osten med kryddorna. Servera den rumsvarm med ett gott bröd, sallad och svarta oliver.

Se bild sid. 35

SALLAD PÅ OXFILÉ I SKÅLAR AV GURKA

Små praktiska sallader av marinerad strimlad oxfilé serverad i skålar av gurka. Perfekt på mingelpartyt!

300 g oxfilé av mittbit
6 gurkor

Marinad:
1/2 dl sesamolja
3/4 dl limesaft
3/4 dl ketjab manis (söt soja)
1 vitlök
1 röd chilifrukt, till exempel spansk peppar

Sallad:
1 liten ask (50 g) rucolasallad
3 kvistar körvel
3 kvistar persilja
2 röda chilifrukter, till exempel spansk peppar
2/3 dl limesaft
1/2 dl sötsur sås eller sweet chili

■ Grovhacka vitlöken. Dela chilifrukten, tag bort fröna och finhacka chilin. Blanda alla ingredienser till marinaden i en skål. Lägg ner oxfilén och marinera i kylskåp i minst 3 timmar eller över natten. Tag ut köttet i rumstemperatur i god tid innan det ska tillagas.
■ Grilla köttet i en grillpanna i 5-8 minuter på båda sidor. Det ska inte vara helt genomstekt utan lite rosarött inuti.
■ Låt köttet svalna och skär det sedan i strimlor.
■ Skär bort ändarna på gurkorna och dela varje gurka i 4 cm tjocka bitar. Gröp sedan ur varje gurkbit med ett kuljärn så att det blir en c:a 2 1/2 cm djup skål.
■ Grovhacka rucola, körvel och persilja. Dela chilifrukten och tag bort de små fröna. Strimla den sedan mycket fint. Blanda alltsammans med limesaft och sötsur sås. Tillsätt till sist köttstrimlorna.
■ Fyll varje gurkskål med rikligt av salladen och servera.

SVAMP PÅ VINLÖV MED SIDFLÄSK

En liten svamprätt som ser lyxig ut med sitt stora vinblad. Vinbladen kan naturligtvis bytas ut mot något salladsblad, liksom svampsorterna mot andra.

6 vinlöv, eller 6 fina salladsblad
1/2 kg kantareller
Drygt 1/2 kg blandad svamp, till exempel kantareller, kastanjechampinjoner eller trumpetsvamp
4-5 skivor sidfläsk
Smör
Några basilikablad
Gourmetsalt och nymalen vitpeppar

Till servering:
Några skivor pumpernickel

■ Skölj och rensa vinblad och svamp. Grovhacka sidfläsket.
■ Lägg smör i en panna och stek kantarellerna långsamt. Tillsätt sidfläsket och svampen. Fortsätt att steka i några minuter. Tillsätt basilikan klippt i mindre bitar. Smaka av med salt och peppar.
■ Lägg ut ett vinlöv till varje person. Placera svampen ovanpå. Servera genast tillsammans med några skivor pumpernickel.

ISANDE JORDGUBBSLEMONAD

En läskande isdryck på solmogna svenska gubbar är snabbt och lätt gjord med en mixer.

Sockerlag:
1 dl vatten
1 dl strösocker

C:a 6 dl jordgubbar, kylskåpskalla
Saften av 1 kylskåpskall citron, c:a 1 dl
1 flaska (33 cl) fruktsoda, väl kyld
4-5 dl krossad is

■ Koka upp vattnet och sockret till sockerlagen. Låt den svalna något. Ställ sedan in den i frysen att bli iskall. Rör om då och då.
■ Spar några jordgubbar till garnering. Mixa sedan ihop samtliga ingredienser till en tjock isig massa. Garnera med jordgubbarna och servera i glas med en sked.

Se bild sid. 216

FROSTAD FRUKT

En vacker dekoration på middagsbordet vintertid som dessutom är god att äta! Välj frukt efter personlig smak.

Färska fikon
Vindruvor
Små röda äpplen
Lime
3 äggvitor
5-6 dl strösocker

■ Rulla frukterna i äggvita och sedan i strösocker. Låt stelna och lägg på ett vackert fat.

LAVENDELHONUNG

Lavendelhonung är gott i te och olika bakverk. Det är lätt att göra och har lång hållbarhet.

5 dl honung, gärna flytande
1/2 dl lavendelblommor
3 små kvistar lavendel med blommorna kvar

■ Hetta upp honungen och rör ner blommorna. Häll upp på en väl rengjord burk. Stick ner kvistarna av lavendel med blommorna mot botten. Förslut.

ÄPPELVINÄGER

Min bästa gåbortpresent! Enkel och snabbt gjord. Vacker att ha på kökshyllan.

Små runda röda äpplen
Vitvinsvinäger
Rosmarinkvistar
Glasburk

■ Fördela små runda röda äpplen och rosmarinkvistar i en burk. Häll på vitvinsvinäger så att det täcker äpplena. Förslut. Låt stå ljust i c:a en vecka. Tag bort äpplena när de börjar bli fula.

FÄRSK FRUKT I SOCKERLAG

En god dessert som går att göra hur lyxig som helst beroende på valet av frukt och bär. Själv använder jag gärna färska fikon, hallon, björnbär och lime. Ibland lägger jag allt i en glasburk som jag sedan försluter hermetiskt. Då har jag fått något fint på kökshyllan som går att njuta på vintern eller en perfekt gåva när jag går bort.

5 färska fikon
300 g hallon
200 g björnbär
2 lime

Sockerlag:
4 dl vatten
3 dl strösocker
1 vaniljstång

■ Dela fikonen och skiva limen. Fördela frukten tillsammans med hallon och björnbär i en väl rengjord glasburk.
■ Blanda alla ingredienser till sockerlagen. Snitta vaniljstången och gröp ur de små fröna med en sked. Lägg frön och stång i lagen och koka upp. Häll den heta lagen över frukten och förslut.

ROSENBLADSSOCKER

En variant av mitt "hemgjorda" vaniljsocker som jag gör på vaniljstänger och strösocker. Burkarna är vackra att ha på kökshyllan. Sockret är mycket gott att använda till sockerkaksbaket eller marängerna. Det är naturligtvis trädgårdsrosor som menas och inte blomsteraffärernas doftlösa ting. Rosenbladen kan bytas ut mot lavendel.

1/2 kg strösocker
2 1/2 dl rosenblad

■ Varva rosenblad och strösocker i en vacker burk. En del tycker att bladen bör hackas, särskilt om sockret ska användas till bakning, själv tycker jag att det är både vackrare och mer "äkta" att ha bladen som de är. Förslut burken och låt sockret stå och ta smak i några dagar innan det används.

Lavendelhonung, äppelvinäger, färsk frukt i sockerlag och rosenbladssocker.

SÅSER, SALSOR OCH DIP

I en del kök, särskilt kring Medelhavet, lagas det sällan en sås till kötträtter och fiskrätter, även om det förekommer. Vår husmanskost har ju nästan alltid en sås, brun eller vit, som är smaksatt på olika vis, även om vi har blivit mer benägna att äta vår mat på ett "renare" sätt, likt deras. Nu handlar inte det här kapitlet så mycket om dessa såser. Visst finns här recept på en sås till den gravade laxen och lutfisken, men mest handlar det om de såser som utgör ett komplement eller tillbehör till olika rätter. De flesta passar utmärkt att servera till den grillade köttbiten, fiskbiten, en brödbit eller enbart till grönsaker och därför är de inte alltför dominanta i sina smaker. Två av såserna har jag nästan alltid till hands, dels för att min familj är så van vid att alltid få ett pikant inslag på middagsbordet, och dels för att de klarar att göra även den enklaste måltid till något speciellt vid ett oplanerat besök. Det är min tomatsås och basilikasås. Dessa såser är rent makalösa, de passar till allt! Ibland när min son William har kompisar hemma och jag ska laga lunch till dem brukar de få bestämma vad jag ska laga. Det blir i de flesta fall något i stil med fiskpinnar eller köttbullar – barns kulinariska resa kan ibland verka lite kort – med just basilikasås, vilket förlänger resan något. Är det då någon som inte vill ha det tycker William att det är väldigt egendomligt, han är ju i praktiken uppvuxen på basilikasås. Hållbarheten för de flesta såser, salsor och dip som innehåller en mängd olivolja är mycket god. De håller sig i flera veckor i kylskåp. Förutsättningarna måste naturligtvis vara de rätta: fräscha råvaror från början och allt upphällt på väl rengjorda burkar eller flaskor. De som är baserade på mejerivaror är mer att betrakta som färskvaror, de håller sig några dagar i kyl. **Gemensamt för alla mina såser, salsor och dip** *är att de görs enkelt utan någon större ansträngning, och därför passar de lika bra till vardags som till fest.*

ANCHOIADE

En sydfransk röra med sardeller. Den bör göras på klassiskt vis i mortel, i en mixer blir den alltför finfördelad. Jag äter den på kokt ägg vid en sen sommarfrukost eller på en bit baguette till drinken.

1 ask sardeller, 12 stora filéer
1-2 vitlöksklyftor
2 kvistar färsk timjan
1/2 dl god olivolja
2 tsk rödvinsvinäger
Nymalen svartpeppar

■ Skär sardellerna i mindre bitar. Krossa vitlöken med den breda sidan av en kniv. Repa timjankvistarna.
■ Lägg alla ingredienser i en mortel och stöt massan ganska slät. Smaka av med nymalen svartpeppar.

KAVIARGRÄDDE

Gott att dippa knäckebröd i före måltiden.

2 dl vispgrädde
1 knippe gräslök
4-5 msk Kalles kaviar

■ Vispa grädden och finhacka gräslöken. Tillsätt kaviar och gräslök. Kyl en stund före servering.

GRAVLAXSÅS

God till all slags gravad fisk och till krabba.

3-4 msk skånsk senap
1/2-1 msk dijonsenap
3-4 msk strösocker
2 msk vitvinsvinäger
1 1/2-2 dl raps- eller matolja
3-4 msk fint hackad dill
Salt och nymalen rosépeppar

■ Blanda ihop senapssorterna. Tillsätt sockret och vinägern. Vispa ner oljan. Smaksätt med dill, salt och rosépeppar.

RUCOLASÅS

Såsen passar bra i eller till en pastasallad, till serrano- eller parmaskinka.

En stor ask (100 g) rucolasallad
1 burk crème fraiche
1 vitlöksklyfta
1 dl fint riven parmesan
Salt och nymalen svartpeppar

■ Finhacka rucolasalladen och pressa vitlöksklyftan. Blanda samman allt med crème fraiche. Smaka av med salt och peppar.

ÖRTAGÅRDSSÅS

En god sås till sommarens alla fiskrätter, rökta, grillade eller foliekokta. Den passar även bra till rökt skinka eller på buffén.

2 dl vispgrädde
2 dl majonnäs
1/2 dl fint hackad gräslök
2 msk fint hackad dill
2 msk fint hackad dragon
2 msk fint hackad körvel
Salt och nymalen vitpeppar

■ Vispa grädden och blanda den försiktigt med majonnäsen.
■ Finhacka alla färska kryddor och blanda ner dem i såsen. Smaka av med salt och vitpeppar.

Från vänster: *Senaps- och honungsdressing, basilikacrèmefraiche, citronyoghurtsås, rucolasås, gravlaxsås, örtagårdssås, kaviargrädde, dillslungad potatis.*

SENAPS- OCH HONUNGSDRESSING

God salladsdressing till alla slags sallader.

2 msk dijonsenap
2 msk akaciahonung
Saften av 2 medelstora citroner
2 dl olivolja
Salt och nymalen svartpeppar

■ Vispa samman alla ingredienser utom oljan kraftigt för hand eller i en mixer. Tillsätt oljan i en stråle och fortsätt att vispa. Smaka av med salt och peppar.

BASILIKA-CRÈMEFRAICHE

2 1/2 dl crème fraiche
1 knippe fint hackad basilika
3 pressade vitlöksklyftor

■ Rör ihop alla ingredienserna försiktigt och servera såsen till exempelvis kokta eller ugnsbakade rotfrukter.

KRÄMIG SENAPSSÅS

En god sås till grillad eller stekt kyckling eller till sallad. Eftersom det är en sås som serveras kall passar den bäst sommartid.

2 dl gräddfil
2 dl crème fraiche
1-2 msk dijonsenap
1/2 dl torrt vitt vin
Salt och nymalen vitpeppar

■ Blanda försiktigt gräddfil och crème fraiche. Smaksätt med senap, vitt vin, salt och vitpeppar.

PEPPARROTSYOGHURT

Gott till grillat om sommaren. Passar både till kött och fisk.

3 dl yoghurt naturell
En bit, c:a 5 cm, färsk pepparrot
2 lime, skalen från båda och saften från en
Salt och nymalen svartpeppar

■ Riv pepparroten på ett rivjärn. Pressa saften ur en av limefrukterna och riv skalet av båda.
■ Blanda samman yoghurten med pepparroten och limeskalet. Tillsätt till sist saften lite i taget under försiktig omrörning. Smaka av med salt och svartpeppar.

CITRONYOGHURTSÅS

En kall sås att servera till sommarens måltider med skaldjur, grillad och kokt fisk och ljust grillat kött, till exempel kalv och kyckling.

2 1/2 dl yoghurt naturell
1 dl olivolja
Skalet av 1 stor citron eller 2 mindre
En nypa strösocker
Salt och nymalen svartpeppar

■ Riv skalet av citronen och blanda det med yoghurten. Tillsätt olivoljan under försiktig omrörning.
■ Smaka av med socker, salt och svartpeppar.

PESTO

En äkta pesto genovese stöts i en mortel, men man får ett ganska gott resultat i en mixer.

2 krukor basilika
2-3 vitlöksklyftor
50 g pinjenötter
1 dl riven parmesan
1-1 1/2 dl olivolja av god kvalitet
Salt och nymalen svartpeppar

■ Kör alla ingredienser i en mixer. Tillsätt oljan sist och lite i taget tills peston fått lagom konsistens. Smaka av med salt och peppar.

I mortel:
■ Stöt basilika, vitlök, pinjenötter och parmesanost till en tjock puré. Tillsätt olivoljan droppvis under fortsatt stötande till lagom konsistens. Smaka av med salt och svartpeppar.

RÖD PESTO

1 tub (200 g) tomatpuré
2 vitlöksklyftor
50 g parmesan
Några kvistar färsk basilika
1/2-1 dl god olivolja
Salt och nymalen svartpeppar

■ Kör alla ingredienser i en mixer. Tillsätt oljan sist och lite i taget till lagom konsistens. Smaka av med salt och peppar.

RUCOLAPESTO

En syster till den äkta peston gjord på den goda salladen rucola.

1 kruka rucolasallad eller en liten ask (50 g)
2 vitlöksklyftor
50 g parmesan
1 dl pinjenötter
1 1/2-2 dl god olivolja
Salt och nymalen svartpeppar

■ Lägg alla ingredienser utom oljan i en mixer. Tillsätt oljan lite i taget och kör till en slät och fin röra. Smaka av med salt och peppar.

AIOLI

För att lyckas med en aioli är det viktigt att alla ingredienser är rumsvarma. Den är god i fisksoppa, till räkor eller grillad scampi.

3 äggulor
6 vitlöksklyftor
Salt och nymalen vitpeppar
3-4 dl rapsolja

■ Vispa äggulor, krossad vitlök, salt och vitpeppar kraftigt. Tillsätt oljan försiktigt och lite i taget under ständig vispning tills aiolin fått lagom konsistens.

TOMATSÅS

God till grillat kött eller grillad fisk. Jag har nästan alltid en flaska i kylen eftersom den också kan fungera som pastasås till en improviserad middag.

1 1/2 kg tomater
2 röda lökar
6 vitlöksklyftor
1/2 msk örtsalt
4 kryddnejlikor
10 svartpepparkorn
3 lagerblad
3 dl god vinäger, gärna balsamvinäger
Knappt 1 dl strösocker
1 tsk cayennepeppar
2 tsk paprikapulver
1 msk torkad basilika
1 dl tomatpuré

■ Dela tomaterna i mindre bitar. Finhacka löken och vitlöken. Stöt pepparn i en mortel.
■ Blanda tomat, lök, vitlök, örtsalt, kryddnejlikor, peppar, lagerblad, tomatpuré och vinäger i en gryta. Låt allt småkoka i c:a 1 timme tills massan kokat ihop. Rör om då och då.
■ Tillsätt övriga ingredienser och rör om tills sockret löst sig. Smaka eventuellt av med mer örtsalt och cayennepeppar. Häll upp såsen på väl rengjord flaska och förslut.

BASILIKASÅS

Den här basilikasåsen är god till all slags fisk, kött, pasta och grönsaker.

2 krukor eller 1 stort knippe basilika
3-4 vitlöksklyftor
C:a 2 dl god olivolja
3-4 msk balsamvinäger
Salt och nymalen svartpeppar

■ Kör alla ingredienser till basilikasåsen i mixer till lagom konsistens. Om man inte vill ha en helt grönfärgad sås utan en mer prickig ska man finhacka basilika och vitlök och sedan vispa kraftigt för hand med vinäger och olja.

LUTFISKSÅS

En god sås till lutfisken. Jag smaksätter den med senap.

5 msk smör
6 msk vetemjöl
7 dl mjölk
3 dl vispgrädde
1 tsk salt
1/2 msk svartpeppar
1/2 msk kryddpeppar
Ev. 2-3 msk skånsk senap

■ Smält smöret i en kastrull på svag värme. Vispa ner mjölet. Tillsätt grädden och mjölken. Låt allt koka upp under vispning.
■ Koka såsen i 3-5 minuter. Smaksätt med salt, peppar och eventuellt senap.

DILLOLJA

Dillolja är mycket gott och praktiskt att ha till hands hemma i köket. Det är lika gott på laxbiten som på räksalladen.

5 dl olivolja
4-5 dl grovhackad dill
2-3 msk balsamvinäger

■ Kör alla ingredienser i en mixer till slät konsistens. Förvara i en väl rengjord flaska.

Variation:
Något förenklat kan man lägga ett knippe dill som fått torka lite i några timmar i en väl rengjord burk och fylla på med olivolja. Förslut och låt stå någon vecka innan den används. Dilloljan är god att pensla fisk med innan den ska grillas eller som ingrediens i en dressing till en räk- eller annan skaldjurssallad.

ÖRTOLJA

En variation på dilloljan ovan.

■ Blanda grovhackade örter efter egen smak, till exempel timjan, rosmarin och salvia. Tillsätt eventuellt någon vitlöksklyfta. Tillred som dilloljan.

Variation:
Även örtoljan kan göras med blandade dygnstorkade örter som placeras i en burk eller flaska som fylls med olivolja. Låt oljan stå någon vecka innan den används.

SALSA VERDE

Salsa verde är en örtröra som passar till det mesta, till exempel fisk, kött, grönsaker och pasta. Salsan är god samma dag som den lagas men kan gärna stå och mogna någon dag innan den serveras.

2 vitlöksklyftor
1 tsk kapris
3 sardeller
1 knippe bladpersilja (c:a 1 1/2 dl)
1 kruka basilika
Några kvistar timjan
2 msk citronsaft
1 1/2-2 dl god olivolja
Salt och nymalen svartpeppar

■ Lägg örter, vitlök, kapris och sardeller i en mixer och häll i citronsaften. Tillsätt oljan droppvis och lite i taget. Kör tills salsan blir slät och fin. Smaka av med salt och peppar.

SALSA ROSSA

En variant på salsa verde men röd och med lite sötare smak. Passar liksom den gröna till det mesta. Ett enkelt sätt att servera den är att bjuda på bröd som doppas i salsan och beströs med lite gourmetsalt. Det är också mycket gott att servera en klick på couscousen.

1 röd paprika
1 burk (150 g) soltorkade marinerade tomater
50 g parmesan
2-3 klyftor vitlök
1 knippe basilika
1-1 1/2 dl god olivolja
Salt och nymalen svartpeppar

■ Grilla paprikan i ugnen i 250° c:a 5-10 minuter tills skalet blivit svart. Lägg den i en plastpåse för att svalna. Skala och kärna ur den och dela den i mindre bitar.
■ Låt tomaterna rinna av. Riv parmesanosten grovt.
■ Kör alla ingredienser i mixer tills salsan fått en slät och fin konsistens.
■ Häll upp den på en väl rengjord burk och förslut.

TOMATSALSA

En frisk salsa som är god både till kött och fisk. Gör den gärna några timmar innan den ska serveras så att smakerna blandas väl med varandra.

10 tomater
2 salladslökar
1 liten röd lök
Några kvistar färsk basilika

Dressing:
1/2 dl olivolja
2 msk balsamvinäger
1 nypa strösocker
Salt och nymalen svartpeppar

■ Hacka tomaterna ganska fint. Skiva salladslök och rödlök tunt. Grovhacka basilikan.
■ Lägg alla grönsaker i en skål. Vispa ihop ingredienserna till dressingen och blanda ner den i salsan.

Från vänster: *Salsa rossa, örtolja, tomatsalsa, dillolja, salsa verde.*

BRÖD

Vårt dagliga bröd har i dag en annan sammansättning än för några decennier sedan. Här har invandringen spelat en stor och positiv roll. Brödet har alltid haft en stor betydelse i olika mattraditioner. Tillsammans med andra kolhydratrika livsmedel som potatis, ris, pasta, bulgur och couscous utgör det en basvara i de flesta länder, även om det både ser annorlunda ut och har ett annat namn. Ett lands bröd ger till och med en ganska tydlig bild av var i världen vi befinner oss. Tänk bara på de franska bröden, frasiga och knapriga på ytan med ett luftigt innanmäte. De stora bröden är större än någon annanstans, men här finner vi också små behändiga "petits pains". Italienskt bröd är lite torrare och mer rustikt. Det kan vara bakat helt utan salt eller också bestrött med havssalt. När det blir gammalt möglar det inte utan blir stenhårt och torrt. I Grekland bakar man påskbröd med hela ägg i och grova bröd med religiösa symboler doppas i nattvardsvinet. Vårt svenska bröd har sin egen alldeles speciella karaktär det också: knäckebröd, tunnbröd och våra limpor som ofta är smaksatta med anis och fänkål eller vört till jul. Tack vare att vi fått ta del av den rika brödkulturen som finns i andra länder erbjuder våra bagerier oss i dag ett stort utbud av bröd bakade med inspiration från i stort sett hela världen. Vi finner lätt exempelvis grekiska lantbröd, franska pain riche, focaccia från Italien och bagels från New York. Vi har också lockats mer till att baka själva. Hur det än är med butikernas sortiment av bröd, är det godaste brödet det hembakta. Att knåda en bröddeg är en skön historia. Man mår väl av att arbeta med händerna och på något sätt känns det rogivande i själen. Spänningen i brödbaket består i att degen aldrig reagerar på samma sätt från gång till gång utan har en egen vilja. Detta gäller även om receptet följs till punkt och pricka. Dock tar det inte många brödbak innan man lär sig att känna på degen hur den kommer att uppföra sig just den dagen. Den ingrediens som det behövs en del av, och som vi har ont om i dag, är tid. Inte så mycket av faktisk arbetstid utan tid att låta degen jäsa och vila. Men med en viss planering kan man ju uträtta andra saker under tiden. Då sköter brödet nämligen sig självt. Den första jäsningen kan i allmänhet göras under allt mellan 30 minuter och två timmar för vita bröd. Mörka bröd kräver längre tid att jäsa, ibland över natten eller till och med flera dygn. Den andra jäsningen är mer flexibel och kan faktiskt uteslutas om man vill. När det egna brödet avsmakats och den rätta känslan och handlaget med degen infunnit sig är det mycket svårt att sluta baka bröd!

Skållade Limpor

Dag 1

4 dl Fint rågmjöl

7 1/2 dl vatten

Dag 2

25 g jäst

~~5 dl vatten~~

3 msk olja

3/4 ~~1/2~~ dl ~~2 msk~~ ljus sirap

1 ~~[illegible]~~ msk salt

1 ~~1 1/2~~ msk pomerans

5 dl fint rågmjöl

6 ~~8~~ dl vetemjöl special

+ 1 dl

Låt jäsa 1 timme

Forma till 2 stora bullar

Låt jäsa 1 timme, grädda 40 min 200°

Surdeg

1/2 dl surdeg

13 dl vatten

1/2 dl olja

1 msk salt

2 msk sirap

2 msk pomerans

1 l grovt rågmjöl

2 1/2 l vetemjöl special

Låt jäsa 1 timme

4 bitar i långpannan

jäs 45 min

Grädda i 45 min 200°

LANTBRÖD AV RÅG

Det här blir två stora bröd. Som variation kan man tillsätta grovt hackade valnötter eller oliver.

50 g jäst
1 liter vatten
1/2 dl olivolja
2 msk salt
5 dl fint rågmjöl
2 liter vetemjöl special

■ Lös jästen i fingervarmt vatten, 37°. Tillsätt olja, salt och rågmjöl samt eventuellt grovhackade valnötter eller oliver.
■ Rör ner vetemjölet lite i taget. Knåda degen väl i 7-8 minuter. Ställ den att jäsa under bakduk i 1 timme.
■ Tag upp degen och knåda den lätt. Forma två bröd och skåra ett rutmönster med en vass kniv på ovansidan. Låt jäsa ytterligare 20-25 minuter.
■ Grädda bröden i nedre delen av ugnen i 225° i 35-40 minuter. Låt svalna under duk.

TEKAKOR MED VETEKROSS OCH RUSSIN

Annorlunda tekakor med ett fint tuggmotstånd.

1 1/2 dl vatten
1 1/2 dl vetekross
4 dl vatten
3 msk olja
1/2 msk salt
2 msk sirap
2 dl russin
1 msk malda brödkryddor
50 g jäst
C:a 1,2 liter vetemjöl special

■ Koka upp 1 1/2 dl vatten med vetekrosset. Blanda ner de resterande 4 dl vatten. Låt svalna till fingervarmt, 37°.
■ Tillsätt olja, salt, sirap, russin och brödkryddor. Lös upp jästen i degvätskan.
■ Arbeta in vetemjölet lite i taget och knåda väl. Låt jäsa under bakduk i 25 minuter.
■ Baka ut till 15 tekakor. Platta till dem ordentligt. Lägg dem på smorda plåtar. Ställ dem åt sidan på en varm och dragfri plats för att jäsa ytterligare 20-25 minuter.
■ Grädda tekakorna i 225° i 12-15 minuter. Låt svalna under bakduk.

SKÅLLADE BRÖD

Skållat bröd får en mustig smak av rågen. Ibland drar jag mig för att göra dessa eftersom de liksom surdegslimpor inte går att baka och avnjuta i den stund andan faller på. Men varje gång jag gör de här bröden undrar jag varför jag inte gör dem oftare. Arbetsinsatsen är inte större än vid "vanliga" brödbak, men de kräver en extra natt för skållningen.

Dag 1:
4 dl fint rågmjöl
7 1/2 dl vatten

Dag 2:
25 g jäst
3 msk olja
3/4 dl ljus sirap
1 msk salt
1 msk malda pomeransskal
5 dl fint rågmjöl
C:a 7 dl vetemjöl special (spar lite till utbakningen)

■ Koka upp vattnet och häll det över rågmjölet. Blanda väl. Låt stå under bakduk över natten.
■ Lös jästen i sirapen och oljan. Tillsätt salt och pomeransskal. Blanda ner rågmjölet och rör om.
■ Tillsätt vetemjölet lite i taget och knåda väl till en smidig deg. Låt jäsa under bakduk i 1 timme.
■ Tag upp degen och forma den till två stora bröd. Låt dem jäsa ytterligare 50 minuter på smord plåt.
■ Grädda bröden i nedre delen av ugnen i 200° i c:a 40 minuter.
■ Tag ut bröden och pensla dem med vatten. Låt svalna under bakduk.

SMÅ HAVREBAGUETTER MED PUMPAFRÖN

"Halvbaguetter" med mustig smak av havre. Pumpafröna är dekorativa, men är de svåra att få tag på kan de ersättas med solrosfrökärnor.

50 g jäst
5 dl vatten
4 dl havregryn
1/2 msk salt
1 msk strösocker
C:a 1,2 liter vetemjöl

Till pensling och garnering:
1 ägg
Pumpafrön

■ Lös jästen i vattnet som ska vara fingervarmt, 37°. Tillsätt havregryn, salt och socker. Blanda väl.
■ Arbeta in vetemjölet lite i taget till en smidig deg. Låt jäsa under bakduk i c:a 30 minuter.
■ Tag upp degen och knåda den väl. Forma c:a 15 "halvbaguetter", ungefär 10 cm långa, och lägg dem på smorda

***Föregående uppslag:** Lantbröd med råg, tekakor med vetekross och russin, skållade bröd, små havrebaguetter med pumpafrön, kryddiga rågkakor, surdegslimpor.*

plåtar. Ställ dem att jäsa ytterligare 25 minuter.
■ Pensla bröden med uppvispat ägg och strö över pumpafrön eller solrosfrökärnor.
■ Grädda bröden i 250° i 12-15 minuter. Låt svalna under bakduk.

KRYDDIGA RÅGKAKOR

Goda och saftiga hålkakor med råg.

50 g jäst
6 dl vatten
2 msk ljus sirap
1 msk malda brödkryddor
1 msk salt
7 dl fint rågmjöl
8-9 dl vetemjöl

■ Lös jästen i vattnet som ska vara fingervarmt, 37°. Tillsätt sirap, brödkryddor och salt.
■ Blanda ner rågmjölet och tillsätt till sist vetemjölet lite i taget. Arbeta väl till en smidig deg.
■ Låt jäsa under en bakduk i c:a 40 minuter.
■ Tag upp degen och knåda den. Dela den i fyra delar. Platta ut varje del till en kaka och lägg dem på smorda plåtar. Tag ur ett hål i mitten på varje kaka.
■ Nagga varje kaka med en gaffel och låt dem jäsa i c:a 20 minuter.
■ Grädda kakorna i 225° i 12-15 minuter. Låt dem svalna under bakduk.

SURDEGSLIMPOR

Surdeg är brödbakets ädlaste deg. Av den blir det mäktiga och mycket goda bröd med lång livslängd. Faktum är att ett surdegsbröd egentligen smakar bäst dagen efter det har bakats. Att göra "surdegsmamman" är inte svårt, men det tar några dagar. Sedan går det mycket bra att frysa henne och tina henne dagen innan hon ska användas. Det går utmärkt att baka dessa surdegslimpor på endast vetemjöl om man så vill. Mjölmängden kan då behöva ökas något.

Dag 1 surdeg:
1 dl vatten
1 dl grovt rågmjöl

Dag 4:
1 liter vatten
1 liter grovt rågmjöl

Dag 5 limpor:
1 1/2 dl surdeg
1, 3 liter vatten
1/2 dl olja
1 msk salt
2 msk sirap
2 msk malda pomeransskal
1 liter grovt rågmjöl
2 1/2 liter vetemjöl special

Dag 1:
■ Koka upp vattnet, låt det svalna till c:a 40°. Häll det över rågmjölet och rör om. Låt stå under bakduk i 4 dagar i en bunke som rymmer 3 liter. Rör om varje dag.

Dag 4:
■ Tillsätt 1 liter 40° varmt vatten och 1 liter grovt rågmjöl. Rör ihop det till en lös deg. Låt stå ytterligare 1 dygn.

Dag 5:
■ Dela degen i 10 bitar om c:a 1 1/2 dl. Frys in alla utom en. (Degen kan förvaras i frys i c:a ett år, i kyl håller den i en knapp vecka. När man sedan vill baka på nytt av den frysta degen bör den tinas dagen innan. På den sista degbiten går det bra att göra ny surdeg. Börja då från dag 4.)
■ Tillsätt vatten, olja, salt, sirap och pomeransskal. Blanda väl. Rör ner rågmjölet. Tillsätt vetemjölet lite i taget och knåda till en smidig deg.
■ Ställ degen att jäsa under bakduk i 1 timme.
■ Tag upp degen och knåda den. Dela den i 4 limpor som alla läggs på samma smorda långpanna. Låt jäsa ytterligare 45 minuter.
■ Grädda limporna i 200° i 45 minuter. Pensla dem med vatten och låt svalna under bakduk.

VALLMOLIMPOR

Lättbakade vallmolimpor. Goda som nybakade på buffén eller som rostade skivor på frukostbordet.

50 g jäst
5 dl vatten
2 msk olivolja
1/2 msk salt
1,3 liter vetemjöl special

Till garnering:
Blå vallmofrön

■ Lös jästen i vattnet som ska vara fingervarmt, 37°. Tillsätt olivoljan och saltet.
■ Rör ner mjölet lite i taget och arbeta in det efter hand. Knåda väl till en smidig deg.
■ Ställ den att jäsa under bakduk i c:a 40 minuter.
■ Tag upp degen och knåda den lätt. Dela degen i två delar. Knåda ut varje del för sig till en "platt" bulle. Vik in kanterna så att det blir en synlig skarv i mitten längs med brödens ovansida. Lägg bröden på en smord och mjölad plåt. Låt dem jäsa i c:a 25 minuter.
■ Pensla bröden med vatten och strö över blå vallmofrön.
■ Sätt in bröden i 250° varm ugn men sänk genast till 200°. Grädda bröden i nedre delen av ugnen i c:a 30 minuter. Knacka lite på undersidan och kolla om bröden känns ihåliga, då är de klara.

BAGUETTER PÅ DURUMVETE

Saftiga baguetter med fint tuggmotstånd. Bra picknickbröd eller brytbröd till en grönsaksrätt.

50 g jäst
6 dl vatten
3 msk olivolja
1/2 msk salt
5 dl durumvetemjöl
8–9 dl vetemjöl

Till garnering:
Torkad basilika

■ Lös jästen i vattnet som ska vara fingervarmt, 37°. Tillsätt olivoljan och saltet.
■ Rör ner durumvetemjölet och blanda väl. Tillsätt vetemjölet lite i taget och knåda väl. Ställ åt sidan att jäsa i 40 minuter.
■ Tag upp degen och dela den i två delar. Forma två avlånga baguetter och lägg dem på en smord och mjölad plåt. Gör några skåror i varje med en vass kniv. Låt jäsa c:a 25 minuter.
■ Pensla bröden med vatten och strö över basilikan. Ställ in baguetterna i nedre delen av ugnen i 250° men sänk genast till 200°. Grädda bröden i c:a 30 minuter. De är färdiga när det låter ihåligt när man knackar lite på undersidan. Låt svalna under bakduk.

KUVERTBRÖD MED OREGANO OCH TORKAD RÖDLÖK

Små kuvertbröd som är goda på buffén. Ett bröd med lite smak till den andra smakrika maten.

50 g jäst
6 dl vatten
2 msk olivolja
1 msk salt
C:a 1 1/2 liter vetemjöl special

Till pensling och garnering:
1 ägg
Torkad oregano
Torkad rödlök

■ Lös jästen i vattnet som ska vara fingervarmt, 37°. Tillsätt olja och salt. Rör ner vetemjölet lite i taget och knåda väl till en smidig deg.
■ Låt jäsa 1 timme under bakduk.
■ Tag upp degen och knåda ytterligare en omgång. Dela degen i c:a 20 bitar. Forma varje bit till ett avlångt litet kuvertbröd. Lägg bröden på smorda plåtar och låt dem jäsa ytterligare 15 minuter.
■ Pensla bröden med uppvispat ägg och strö på oregano och rödlök. Grädda dem i 225° i c:a 12-15 minuter.

Se bild sid. 42

BARNBAGUETTER

Ett uppskattat bröd på barnkalaset är dessa smala baguetter som jag sätter i en vas mitt på bordet.

50 g jäst
1/2 dl olivolja
1/2 msk salt
2 tsk strösocker
C:a 1 1/2 liter vetemjöl

■ Lös jästen i vattnet som ska vara fingervarmt, 37°. Tillsätt olja, salt och socker.
■ Blanda ner vetemjölet lite i taget och knåda väl till en smidig deg. Ställ degen att jäsa under bakduk i c:a 45 minuter.
■ Stjälp upp degen och knåda den. Dela den i c:a 8 bitar. Forma varje bit till en smal baguette. Lägg dem på smorda plåtar. Skär några snitt i varje bröd med en vass kniv. Låt jäsa ytterligare 25 minuter utan bakduk.
■ Grädda baguetterna i ugn på 250° i c:a 12-15 minuter. Pensla dem med vatten när de tas ut från ugnen.
■ Låt svalna utan bakduk för en hård yta och med bakduk för en mjuk yta.

Vallmolimpor, baguetter på durumvete, ratatouille och helt vete med rödbetor.

DESSERTER

Det goda söta utgör den där lilla extra njutningen efter en måltid. Min mamma säger alltid att hennes barnbarn är livets dessert. Jag tror att jag förstår hur hon känner det eftersom jag verkligen är en passionerad dessertätare. Desserten behöver inte vara så stor. En liten god chokladbit till kaffet kan vara nog. Min dotter Rakel har aldrig varit stor i maten, men när det kommer till det söta är hon inte så nödbedd. Häromdagen, när vi åt en högtidlig lunch på restaurang, samlade hon raskt ihop det som hon tyckte var viktigast på bordet: ett paket smör, en påse med strösocker och en Coca-Cola. Därefter utbrast hon glatt: ”Tack mamma, jag älskar verkligen allt det här!” Det är det härliga med barn. De är så befriade från vuxnas sätt att se på de söta desserterna som något ”syndigt”. Här har jag verkligen försökt att bevara mitt barnasinne. Jag tycker nämligen att ska man servera en dessert ska den vara riktigt god. Riktigt god blir den med generöst med ingredienser som smör och grädde. Är man rädd för kalorierna är det bättre att inta en mindre bit och få en stunds härlig njutning i gommen. För som sagt, det goda söta behöver inte vara så mycket men naggande gott!

VANILJPARFAIT

Parfait, den fulländade desserten smaksatt med frukten av en tropisk orkidé: vanilj.

4 äggulor
1 dl strösocker
1 dl vatten
4 dl vispgrädde
1-2 vaniljstänger

■ Blanda äggulor, strösocker och vatten. Sjud på låg värme under kraftig vispning till en tjock kräm. Låt kallna, men vispa runt då och då under tiden.
■ Vispa grädden och tillsätt den till äggblandningen tillsammans med fröna från vaniljstängerna. (Dela stängerna på längden och gröp ur de små fröna med en liten sked.) Häll upp i en form och frys i minst 4 timmar. Tag ut parfaiten en stund innan den ska serveras.

"HALLONPARFAIT" MED KOLASÅS

Inte en riktigt äkta parfait eftersom jag bara haft äggvitorna i stället för gulorna, men nog så god ändå. Receptet räcker till c:a 10 personer men går bra att halvera.

400 g frysta hallon
2 äggvitor
2 dl florsocker
6 dl vispgrädde

Kolasås:
Knappt 1 dl strösocker
4 msk sirap
8 dl vispgrädde
2 msk smör
1 msk vaniljsocker

Till garnering:
Lite extra hallon
Några kvistar citronmeliss

■ Kör hallonen i en mixer. Vispa ihop äggvitor och florsocker i en bunke tills det tjocknar.
■ Vispa grädden. Rör ner hallonen försiktigt i äggmassan. Vänd ner grädden.
■ Lägg plastfolie i en stor form om 3 liter eller två mindre. Häll i smeten och ställ in formen i frysen i c:a 5 timmar.

Kolasåsen:
■ Blanda alla ingredienser utom vaniljsockret i en kastrull. Låt såsen koka på svag värme under omrörning tills den blir tjock. Rör till sist ner vaniljsockret och häll upp kolasåsen i en kanna eller skål.
■ Tag ut formen och doppa den hastigt i varmt vatten. Stjälp upp parfaiten och garnera den med citronmeliss och hallon. Servera den med den varma kolasåsen.

PASSIONSPARFAIT

Parfait, den fulländade desserten smaksatt med passionsfrukt.

4 äggulor
1 dl strösocker
1 dl vatten
4 dl vispgrädde
4 passionsfrukter + ev. 1 till garnering

■ Blanda äggulor, strösocker och vatten. Sjud på låg värme under kraftig vispning till en tjock kräm. Låt kallna, men vispa runt då och då under tiden.
■ Vispa grädden och tillsätt den till äggblandningen.
■ Dela och kärna ur passionsfrukterna. Tillsätt innehållet från fyra stycken till äggsmeten och rör om. Häll upp i en form och frys i minst 4 timmar.
■ Tag ut parfaiten en stund innan den ska serveras. Garnera eventuellt med de resterande passionsfruktskärnorna och servera.

HJORTRONPARFAIT

■ Hjortronparfait tillagas som passionsparfait, men passionsfrukten byts ut mot 4 dl hjortron.

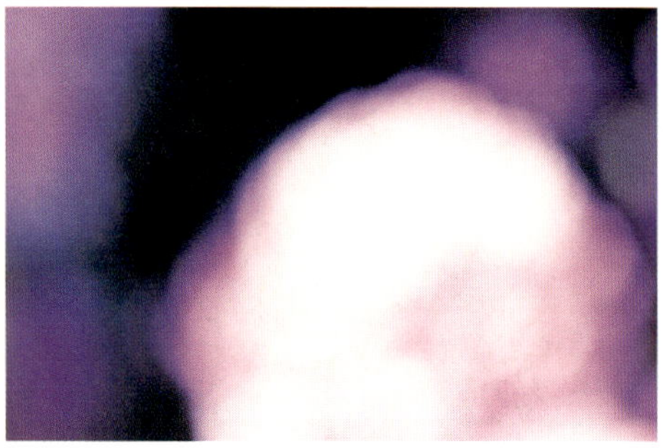

Vaniljparfait, "hallonparfait", passionsparfait och hjortronparfait.

CHOKLADCRÈME I GLAS

Fyllig chokladcrème med rik chokladsmak. Jag serverar den i små glas eller koppar.

3 dl vispgrädde
200 g mörk choklad
1 äggula
1 1/2 msk smör
2 tsk vaniljsocker

Till servering:
Ev. chokladströssel

■ Värm grädden på svag värme. Låt sjuda i någon minut. Tag kastrullen från plattan.
■ Bryt chokladen i bitar och rör ner den i grädden. Rör tills chokladen smält. Fortsätt att röra kraftigt och tillsätt äggulan. Rör ner smöret och vaniljsockret. Fortsätt att röra tills smeten är helt slät.
■ Häll upp chokladcrèmen i några udda små glas eller koppar. Kyl i knappt 1 timme.
■ Dekorera eventuellt med chokladströssel.

VIT CHOKLADMOUSSE

Vit chokladmousse känns lyxigt. Det här är en blandning mellan glass och mousse. Konsistensen är len och mjuk och smaken fantastisk! Jag serverar den i glas och garnerar med figurer av mörk choklad.

100 g vit choklad, helst belgisk blockchoklad
3 dl vispgrädde
2 äggulor
1 msk florsocker

Till servering:
100 g mörk choklad
Rivet skal av 1 apelsin

■ Smält chokladen i ett vattenbad.
■ Vispa grädden löst. Vispa gulor och florsocker för sig. Vänd ihop försiktigt.
■ Rör ner den smälta chokladen och häll upp moussen i en form. Ställ in i frysen i c:a 5 timmar. Tag ut den c:a 20 minuter innan den ska serveras.
■ Smält den mörka chokladen i ett vattenbad. Ringla ut figurer på ett bakplåtspapper och låt stelna.
■ Riv skalet av apelsinen.

Servering:
■ Forma kulor av den vita moussen med hjälp av en vattensköljd glasskopa. Dekorera med chokladfigurer och apelsinskal.

Rakel och Beata på Marstrand. ***Till vänster:*** *Chokladcrème i glas och vit chokladmousse.*

PANNACOTTA MED VANILJ

En fin gräddpudding som jag smaksätter med vanilj. Som variation kan vaniljen bytas mot apelsinskal eller saffran.

2 1/2 gelatinblad
1 vaniljstång
5 dl vispgrädde
1/2 dl strösocker

Till garnering:
Några färska bär

■ Lägg gelatinet i blöt i kallt vatten i 10 minuter. Dela vaniljstången på längden och gröp ur de små fröna med en liten sked.
■ Koka upp grädde, socker och all vanilj i en kastrull. Tag kastrullen från värmen.
■ Lyft upp gelatinet, krama ur och rör ner det i gräddblandningen så att det smälter.
■ Häll upp pannacottan i små vattensköljda glas och ställ dem kallt i minst 5 timmar.

ZABAIONE

En len och härlig dessert som är vanlig i Italien och Frankrike. Det är fint med några bär till garnering.

6 äggulor
1 dl vitt torrt vin
1 dl strösocker
1 tsk vaniljsocker

Till garnering:
Några fina bär

■ Vispa ihop alla ingredienser i en bunke. Placera den sedan i ett hett men inte kokande vattenbad.
■ Fortsätt att vispa kraftigt hela tiden tills zabaionen blir varm, pösig och tjock. Det tar c:a 15-20 minuter. Jag tycker att den är godast att servera varm, men den går även att servera kall. Garnera med lite bär.

FRUKTSALLAD MED TEMYNTA

Vackert så det förslår. Gott att servera tillsammans med vaniljglass.

4 kiwi
4 persikor
6 plommon
4 färska fikon
4 äpplen
20 vindruvor

Sockerlag:
1 1/2 dl strösocker
2 dl vatten

Till servering och garnering:
1 dl akaciahonung
1-2 dl grovt hackade nötter
Vaniljglass
3 dl kronblad av temynta

■ Koka upp ingredienserna till sockerlagen. Rör tills sockret löst sig.
■ Dela större frukter i klyftor eller skivor. Jag tycker inte att de behöver skalas, förutom kiwin. Blanda dem i en skål. Häll över sockerlagen och låt det dra en stund.
■ Ringla över honung, strö på nötter och kronbladen från temyntan och servera tillsammans med glassen.

SMÅ FRUKTPAJER MED VANILJ

Är det många gäster eller buffé kan det vara trevligt med små portionspajer till dessert i stället för en stor att stå och skära. Frukten och bären kan varieras. Jag brukar göra några olika sorter så att alla kan hitta sin favorit.

3-4 plattor smördeg beroende på formarnas storlek

Vaniljkräm:
1 vaniljstång
2 1/2 dl vispgrädde
2 äggulor
1 1/2 tsk potatismjöl
2 msk strösocker

Garnering:
1 liter färska bär eller frukt, till exempel smultron, hallon, blåbär, jordgubbar, kiwi, mandarin

Glasering:
2 dl varm silad aprikosmarmelad

Till servering:
Ev. lätt vispad grädde

■ Tryck ut smördegen i små smorda formar. Nagga väl med en gaffel. Grädda i 15-20 minuter i 200°.

Vaniljkrämen:
■ Snitta vaniljstången och lägg fröna i grädden. Sjud på svag värme under vispning tillsammans med äggulor och potatismjöl. Krämen får absolut inte koka, då skär den sig. Vispa kraftigt hela tiden tills den tjocknar. Tillsätt sockret och låt krämen kallna.
■ Fördela krämen i formarna. Täck med färska bär och/eller frukt.

Glasering:
■ Värm och sila aprikosmarmeladen. Pensla pajerna så får de en fin och glansig yta.

Föregående uppslag: *Pannacotta med vanilj.* ***Nästa sida:*** *Zabaione och fruktsallad med temynta.*
Nästa uppslag: *Isande jordgubbslemonad och små fruktpajer med vanilj.*

2 ägg 3
2 msk strösocker
~~[illegible]~~ Vetemjöl ½ dl

Florsocker !!! Sött!

Skilj gulor och vitor... Blanda
med sockret. Vispa grädden
Koch

175° 45-50 minuter

HALLONSORBET MED GRILLAD PERSIKA

Så vackert och gott!

500-600 g frysta hallon
1 1/2-2 dl strösocker
1 dl vatten
3 persikor eller 1 stor burk konserverade persikohalvor
Olja till grillpannan

Till servering:
Ev. 2-3 dl grovt hackade blandade nötter

■ Kör hallonen halvtinade i en mixer tillsammans med socker och vatten till ett slätt mos. Häll upp det i en form och ställ in den i frysen i några timmar.
■ Skala och kärna ur persikorna. Skölj och torka av de konserverade. Pensla dem med olja och grilla dem sedan i en grillpanna på båda sidor.
■ Servera genast med sorbet och eventuellt med hackade nötter.

VANILJGLASS

Att göra egen glass är inte svårt. Har man tillgång till en glassmaskin får man en underbart god glass. Det går dock att göra egen glass utan glassmaskin även om resultatet då inte blir riktigt detsamma. Finns det tid att röra om varje kvart när den fryses blir resultatet bättre än om man bara ställer in glassmeten i frysen och låter den stelna.

4 äggulor
3/4 dl florsocker
1 msk vaniljsocker
1 vaniljstång
4 dl vispgrädde

Till garnering:
50 g blockchoklad

■ Rör ihop äggulor, florsocker och vaniljsocker poröst.
■ Snitta vaniljstången och gröp ur de små fröna, spar stången till garnering. Lägg fröna i en skål och tillsätt grädden. Vispa ganska hårt. Tillsätt äggsmeten till gräddsmeten, blanda väl.
■ Häll upp glassmeten i en plastskål. Ställ in den i frysen i minst 5 timmar. Rör gärna om så ofta som möjligt under tiden.
■ Smält blockchokladen i ett vattenbad. Spritsa ut figurer på ett bakplåtspapper. Ställ att stelna.
■ Tag ut glassen en halvtimme innan den ska serveras och garnera med chokladfigurerna.

Se bild sid. 46

GLASSFYLLDA CITRONER

"Turistglassen" i Italien. Mycket fräsch och rolig att bjuda på eftersom den alltid väcker beundran bland gästerna.

4 stora citroner eller 5 små (knappt 1 dl saft från citronerna)
2 äggulor
1 1/2 dl florsocker
2 dl vispgrädde

Till garnering:
Några hallon och kvistar av citronmeliss

■ Skär av toppen av citronerna (c:a 1/4). Gröp ur dem med hjälp av en liten vass kniv och en sked. Sila av saften och spar den.
■ Vispa ihop äggulor, florsocker och 3 msk av citronsaften. Vispa i en annan skål grädden fast. Blanda ner grädden i äggsmeten. Tillsätt resten av citronsaften eller saft efter smak.
■ Skär av nederdelen av citronerna så att de kan stå. Var försiktig så att det inte blir ett hål i botten. Fyll dem med glassmeten. Det som blir över av smeten fryses i en liten skål.
■ Frys i minst 5 timmar eller över natten. Tag fram glassen 1 timme innan den ska serveras. Skeda upp det som blev över på toppen av varje citron. Garnera med hallon och citronmeliss.

Se bild nästa uppslag.

Djurgårdskanalen en januaridag.

½ l hallon
½ - 1 liter
1 kkp florsocker
grädde !!! 5-7 dl ?

RÖDA JÄTTEMARÄNGER MED BÄR

Jag sparar alltid lite av sommarens bär i frysen, med blad och kvistar. Det passar fint till dessa stora maränger som blir som en Pavlovabakelse.

9 äggvitor
Drygt 2 dl strösocker
Några droppar röd karamellfärg
3 dl vispgrädde
1/2 msk vaniljsocker
Färska bär

■ Vispa äggvitorna till hårt skum. Det tar minst 5 minuter. Vänd ner strösockret försiktigt. Tillsätt karamellfärgen.
■ Klicka ut smeten på bakplåtspapper på en plåt. Grädda marängerna i 100° i c:a 1 1/2 timme. Låt svalna, gärna över natten.
■ Dela varje maräng försiktigt. Vispa grädden och tillsätt vaniljsockret.
■ Fyll varje maräng med vaniljgrädde och bär.

KALL RABARBERSOPPA MED MANDELGRÄDDE

När rabarbern väl finns att tillgå vet vi med all säkerhet att vintern är över och att sommaren snart är här.

600 g späda rabarber
2 1/2 dl strösocker
6 dl vatten
1-2 vaniljstänger
2-3 msk maizena

Mandelgrädde:
4 dl vispgrädde
100 g mandelmassa
1 gelatinblad

■ Skölj och hacka alla rabarber utom en i mindre bitar. Koka upp socker och vatten. Låt koka i 2-3 minuter. Rör ner rabarbern och koka ytterligare 5-8 minuter.
■ Häll av saften i ett durkslag eller en grov sil. Låt det stå ett tag, ju mer saft desto mer soppa.
■ Häll tillbaka saften i kastrullen och tillsätt vaniljfrön och stänger. (Dela stängerna på längden och gröp ur de små fröna med en liten sked.) Koka upp och drag åt sidan. Tillsätt maizenan. Plocka upp vaniljstängerna och vispa kraftigt.
■ Skär små smala stavar av den sista rabarbern och lägg ner dem i soppan. Ställ in i kylskåpet.

Mandelgrädden:
■ Riv mandelmassan och smält ner den i 1 1/2 dl vispgrädde. Värm grädden tills mandelmassan löses upp. Rör hela tiden.
■ Vispa 2 dl grädde och blanda den med den smälta mandelmassan.
■ Blötlägg gelatinbladet i kallt vatten i 10 minuter. Tag upp det och krama ur vattnet. Smält ner det i 1/2 dl lätt uppvärmd vispgrädde. Tillsätt till gräddblandningen. Rör om och kyl i några timmar.

MIN MARÄNGSVISS FÖR VUXNA

Marängsvissen med chokladsås är en riktig barnkalasklassiker. Min variant har rikligt med färska hallon i stället för chokladsås och blir en garanterad vuxenklassiker överallt där den drar fram!

Maränger:
3 äggvitor
1/2 tsk citronsaft
1 1/2 dl strösocker

■ Häll äggvitorna i en absolut torr skål. Vispa upp dem tillsammans med citronsaften och 1/2 dl av sockret. Vispa tills smeten är så fast att man kan vända uppochner på skålen.
■ Vänd ner resten av sockret.
■ Klicka eller spritsa ut c:a 20 maränger på bakplåtspapper. Strö eventuellt över lite strösocker för sprödare maränger.
■ Ställ in dem i 150° varm ugn, men sänk genast värmen till 100°. Grädda marängerna i c:a 1 timme, eller tills de känns torra och lossnar lätt från papperet.

Marängsviss:
5 dl vispgrädde
2 msk vaniljsocker
15 maränger
5 dl färska hallon

■ Vispa grädden fast och tillsätt vaniljsockret. Rör försiktigt ihop den med marängerna. Varva sedan maränggrädde och hallon på ett vackert fat. Servera genast.

CITRON- OCH LIMETÅRTA MED MARÄNG

En citron- och marängtårta som blir extra fin och god. Fyllningen ligger i en "form" av maräng.

5 äggvitor
2 1/2 dl strösocker
1/2 msk potatismjöl

Fyllning:
5 äggulor
Knappt 1 dl strösocker
1 citron
1 lime
100 g smör

Till garnering:
5 dl vispgrädde
2 tsk vaniljsocker

■ Vispa äggvitorna i en absolut torr bunke till ett hårt skum. Tillsätt sockret försiktigt och fortsätt att vispa kraftigt så att marängsmeten blir fluffig. Vänd ner potatismjölet.
■ Bred ut ett bakplåtspapper i en form (c:a 25 cm i diameter) med hög, avtagbar kant. Lägg ner marängsmeten och bred ut den. Se till att den kommer upp på kanten så att det blir en form av maräng.
■ Grädda i 250° varm ugn i c:a 5 minuter. Stäng av värmen och låt marängen stå kvar i ugnen tills den kallnat.
■ Lägg äggulor, strösocker, skal av hela citronen och hela limefrukten samt saft av halva de båda citrusfrukterna i en kastrull. Värm under ständig vispning till en slät smet. Krämen får absolut inte koka.
■ Tag kastrullen från plattan och skiva ner smöret. Rör tills allt har smält. Låt citruskrämen kallna.
■ Lossa tårtan från papperet och formen. Fyll den med citronkrämen.
■ Vispa grädden och blanda den med vaniljsockret. Spritsa ut grädden över tårtan.

TOSCAÄPPLE MED PUNSCHGRÄDDE

Äpplen är alltid en trevlig avslutning på en höstmiddag.

6 äpplen

Sockerlag:
6 dl vatten
4 dl strösocker
Saften av 1/2 citron

Toscasmet:
100 g smör
1 1/4 dl strösocker
2 msk vetemjöl
2 msk vispgrädde
2 påsar mandelspån

Till servering:
3-4 dl löst vispad grädde
2-3 msk punsch

■ Skala, kärna ur och klyfta äpplena. Koka upp alla ingredienser till sockerlagen och koka klyftorna i den i c:a 5 minuter.
■ Tag upp äpplena. Låt dem rinna av och lägg dem i en ugnsfast form.

Toscan:
■ Smält smöret och rör ner socker, mjöl och grädde. Låt smeten precis bara få sjuda upp, inte koka. Blanda ner mandelspånen och rör om.
■ Fördela toscan ovanpå äpplena och grädda i ugn på 225° i 10-15 minuter tills toscan fått fin gyllene färg.
■ Vispa grädden löst och smaksätt med punsch.

Min marängsviss för vuxna, citron- och limetårta med maräng, toscaäpplen med punschgrädde, lime- och kokospaj samt citronpaj med syltad lime.

LIME- OCH KOKOSPAJ

En syrlig paj som dekoreras med söta solmogna hallon. Jag tycker att det är gott med lite vispad grädde till, andra föredrar att äta den som den är.

Pajdeg:
125 g smör
1 1/2 dl florsocker
1/2 tsk salt
C:a 4 dl vetemjöl
2 äggulor
1-2 msk grädde, mjölk eller vatten

Till formen:
Smör
Kokosflingor

Fyllning:
1 1/2 dl strösocker
4 ägg
3 1/2 dl vispgrädde
1 1/2 dl kokosmjölk
Saften av 3 lime

Till servering och garnering:
5-6 dl lättvispad grädde
5 dl hallon
100 g björnbär
Florsocker

■ Rör ihop smör, socker och salt till en smet. Tillsätt mjölet och äggulorna. Blanda till sist ner vätskan. Det ska gå ganska fort. Arbeta inte degen för mycket, då blir den för elastisk och krymper i ugnen. Låt den vila i en plastpåse i kylen i minst 1 timme.
■ Smörj en form med hög kant (c:a 25 cm i diameter) och bröa den med kokosflingor.
■ Kavla ut pajdegen och klä formen med den. Fäst kanterna med långa folieremsor så åker de inte ner i formen under gräddningen. Ställ kallt i 30 minuter.
■ Nagga botten med en gaffel så att den håller sig på plats. Förgrädda pajskalet i 200° i 15 minuter.

Fyllningen:
■ Vispa socker och ägg pösigt. Tillsätt grädde, kokosmjölk och limesaft. Häll fyllningen i pajskalet. Grädda i 175° i 40-50 minuter tills fyllningen är fast men fortfarande krämig.
■ Låt pajen svalna i c:a 1 timme. Häll över hallon och björnbär. Pudra med florsocker. Vispa grädden och servera.

CITRONPAJ MED SYLTAD LIME, GRÄDDE OCH VARMA HALLON

En guldgul och syrlig paj som ger måltiden dess perfekta avrundning.

Pajdeg:
3 1/2 dl vetemjöl
150 g smör
1 msk florsocker
2 msk vatten

Fyllning:
Skal av 3 citroner och saft av 1
3 ägg
1 1/2 dl strösocker
1 dl vispgrädde

Till garnering:
3-4 limefrukter i skivor
1 1/2 dl strösocker
1 1/2 dl vatten

Till servering:
5 dl vispgrädde
250-300 g frysta hallon
2 msk strösocker

■ Blanda ihop alla ingredienser till pajdegen och lägg den kallt i minst 1 timme.
■ Kavla ut pajdegen och lägg den i en form med hög kant, omkring 25 cm i diameter.
■ Nagga botten med en gaffel och fäst kanten med aluminiumfolie. (Om man fäster kanten med långa folieremsor så åker den inte ner i formen under gräddningen.)
■ Förgrädda pajskalet i 200° i c:a 10 minuter.

Fyllning:
■ Riv skalet av citronerna och pressa ur saften. Vispa ägg och socker vitt och pösigt. Vispa upp grädden och blanda den med äggsmeten. Tillsätt citronskal och saft.
■ Häll fyllningen i det förgräddade pajskalet och grädda pajen i 175° i c:a 15-20 minuter.

Garnering:
■ Koka upp vatten och socker till en sockerlag. Skiva limefrukterna och låt dem koka i sockerlagen i några minuter. Tag upp dem och låt dem rinna av på hushållspapper. Garnera den färdiggräddade pajen med de syltade skivorna.

Servering:
Vispa grädden lätt. Värm hallonen tillsammans med sockret och servera.

GRÄDDBAKADE HALLON OCH PAPAYA

En blandning mellan kaka och pudding. Servera den varm med vaniljglass.

8 ägg
1 dl strösocker
6 dl vispgrädde
2 msk vaniljsocker
1 1/2 dl vetemjöl
600 g frysta hallon
2 papayor

Till servering:
Vaniljglass

■ Vispa ägg och socker pösigt. Tillsätt grädde, vaniljsocker och mjöl. Vispa lite till.

■ Häll hälften av gräddblandningen i en stor ugnsfast form och grädda i 150° i 10-15 minuter tills den stelnat till.
■ Häll över resten av gräddblandningen, bären och papayan i skivor. Grädda i ytterligare c:a 1 timme eller tills den stelnat. Den blir inte helt fast utan som en pudding

Se bild sid. 46

CHOKLADTRYFFEL

Vit eller brun, alltid en delikatess till kaffet efter en god middag.

250 g god vit eller brun choklad
1 dl vispgrädde
1 msk smör
Ev. kakao

■ Bryt chokladen i bitar. Koka upp grädden med smöret. Tag den från värmen och rör ner chokladen. Rör tills den har smält och massan blivit slät. Ställ kallt att svalna.
■ Forma kulor genom att spritsa eller för hand och rulla dem eventuellt i kakao.

SUFFLÉ PÅ HÖSTHALLON

Jag gör denna enkla sufflé på mina hösthallon. Som formar tar jag små rödmålade lerkrukor.

1 dl strösocker
6 äggvitor
1 citronklyfta
2 1/2 dl hösthallon eller andra färska hallon

Till formen eller krukorna:
Smör
Strösocker

Till servering och garnering:
Grädde eller vaniljglass
Florsocker

■ Smörj en form som rymmer c:a 1 liter eller en eller ett par mindre krukor med smör och bröa med strösocker.
■ Vispa äggvitorna till hårt skum i en skål som först gnidits med en citronklyfta.
■ Vänd ner sockret i äggvitorna. Tillsätt hallonen lätt mosade. Häll upp smeten i form eller krukor.
■ Grädda sufflén i 200° i 10-15 minuter. Öppna inte ugnsluckan under gräddningen. Pudra över florsocker och servera genast med grädde eller glass.

BARNKALAS I VILLA MOTOWI

GRÄDDTÅRTA

En klassiker! Vanilj, banan och färska bär i fyllningarna. På barnkalaset färgar jag det yttersta gräddlagret grönt, till alla barns stora förtjusning!

Bottnar:
3 ägg
2 dl strösocker
1/4 dl kokande vatten
Rivet skal av 1/2 citron
2 dl vetemjöl
1/2 dl potatismjöl
1 1/2 tsk bakpulver

Fyllning 1:
1 dl vispgrädde
1 stor banan
50 g mjölkchoklad

Fyllning 2:
Marsankräm;
2 1/2 dl mjölk
2 msk marsanpulver
3 msk strösocker
1/2 liter jordgubbar

Till garnering:
4 dl vispgrädde
1/2 liter jordgubbar
Karamellströssel
Jordgubbskulor (en sorts strössel)
Grön pyntgelé
Ev. grön karamellfärg

Till formen:
Smör och ströbröd

▪ Vispa ägg och socker vitt och pösigt. Rör ner det kokande vattnet, lite i taget. Tillsätt citronskalet och rör om.
▪ Blanda vetemjöl, potatismjöl och bakpulver. Sikta ner det i smeten.
▪ Smörj och bröa en form, c:a 23 cm i diameter. Grädda kakan i 175° varm ugn i c:a 30 minuter.
▪ Stjälp upp den och låt den svalna. Dela den sedan i tre bottnar.
▪ Vispa grädden. Bred ut 1 dl på den första bottnen. Skiva över bananen. Hacka chokladen grovt och strö ut den. Lägg på nästa botten.
▪ Koka marsankrämen och låt den svalna något. Bred ut den över nästa botten. Skiva över 1/2 liter jordgubbar. Lägg på locket.
▪ Färga resterande grädde grön, om så önskas. Bred ut grädden ovanpå och på sidorna av tårtan. Garnera med karamellströssel, jordgubbskulor, resten av jordgubbarna och pyntgelé.

SYLTKAKOR

Mördegskakor med hallonsylt och sockerglasyr.

Mördeg:
200 g smör
1 1/4 dl florsocker
4 dl vetemjöl
1 dl potatismjöl
1 krm hjortronsalt

Fyllning:
2 dl hallonsylt

▪ Arbeta ihop alla ingredienserna till mördegen. Knåda den smidig.
▪ Spritsa ut runda kakor på en smord plåt. Fyll mitten med hallonsylt.
▪ Grädda kakorna i 200° i c:a 10 minuter.

CHOKLADRUTOR MED KARAMELLSTRÖSSEL

Perfekt för barnkalaset. Färgglada kakor med rik chokladsmak.

150 g smör
2 ägg
3 dl strösocker
1/2 msk vaniljsocker
1 1/2 msk kakao
4 1/2 dl vetemjöl
2 tsk bakpulver
1 1/2 dl mjölk

Glasyr:
75 g smör
2 msk kallt kaffe
2 msk kakao
1/2 msk vaniljsocker
3 1/2 dl florsocker

Till garnering:
1 1/2-2 dl karamellströssel

▪ Smält smöret och låt det svalna. Vispa ägg och socker pösigt.
▪ Blanda ihop vaniljsocker, kakao, vetemjöl och bakpulver. Tillsätt det till äggsmeten omväxlande med smöret och mjölken.
▪ Häll smeten i en smord och bröad långpanna.
▪ Grädda kakan i 175° i c:a 15 minuter. Strö över strösocker och lägg på ett bakplåtspapper. Stjälp upp kakan på papperet och låt den svalna.
▪ Smält smöret till glasyren. Tillsätt de övriga ingredienserna och rör om.
▪ Bred glasyren på kakan och strö över karamellströssel.

SNABBGLASS MED MINIMARSHMALLOWS OCH COOKIESMULOR

Enklare kan det inte bli: god vaniljglass, krispig choklad och små sega minimarshmallows blandas i all hast till barnens favoritdessert.

1 paket (1/2 liter) gammaldags vaniljglass
4 dl minimarshmallows
75 g vit choklad med cookiesmulor (säljs under namnet cookies'n'creme)

▪ Skeda upp glassen. Blanda ner eller strö över marshmallows och grovt hackad choklad.

Electrolux
bokförlag
Måndag
Tisdag
Onsdag
Torsdag
Fredag

Epilog
Villa Motowi, 5 september 2002

Att arbetet nu är över med den här boken visade sig tydligt i mitt kök häromdagen. När jag behövde lite gourmetsalt till min middag var det slut. Min tvåkilosburk med gourmetsalt var slut! Detta är något jag knappast trodde kunde hända, och för en saltberoende människa som jag måste detta åtgärdas omedelbart. Någon sekund senare visade det sig att även min goda olivolja, fint upphälld i en femlitersflaska med kran, också var slut! Ytterligare något att åtgärda så snabbt det bara går. Att balsamvinägern, sweet chilisåsen, sesamoljan och andra roliga och goda "bra att ha hemma-saker" alla är slut behöver jag väl knappast nämna. Det positiva då? Nu hittar min familj i kylskåpet igen. Många är de morgnar när barnen fått gå till daghem och skola utan pålägg på smörgåsen. Det har liksom varit lite bökigt att rota fram den prickiga korven bakom lammstekar, ankbröst och hela kycklingar. Eller som min man sa: "Vad skönt det ska bli nu när det inte ramlar saker ur kylskåpet varje gång man öppnar dörren." "Det kan han ju hoppas på", tänkte jag och var redan på väg till affären för att åter fylla kylen, skåpen och hyllorna med spännande ingredienser för framtida projekt. Jag är nämligen alltid sugen på nya idéer och oerhört rädd för att ha tråkigt, vilket är en kombination av egenskaper som är svår att mätta!

REGISTER/INNEHÅLL

REGISTER/ALFABETISKT

TACK!

Jag vill rikta ett varmt tack till följande personer, restauranger och butiker som alla haft stor betydelse för framställandet av boken.

Linda Nilsson, som hjälpt mig med mina barn.
Ewa-Marie Rundquist, för att vi jobbar så bra ihop och för att hon gör min mat så god och vacker på bild.
Johan Nilson och Robert Johansson som printat alla bilder, assisterat Ewa-Marie och ätit av maten med en extraordinär aptit!
Eva-Maria Westberg, min redaktör som alltid är noggrann och uppmärksam.
Åse Inde, som hållit i många trådar och på ett fantastiskt sätt varit länken mellan Sverige och Italien.
Viveca Ekelund, förlagschef på Prisma som tror på mig och min bok.
Agneta Levijn, Blås och knåda, Konsthantverkarna, A La Carte Antik, NK glas och porslin, Classic home och NK gardening för utlånandet av vacker rekvisita.
Charlotte Siegrist, Rosendals trädgård, som ordnat fram blommor i tid och otid.
J.E. Olsson & Söner, Lisa Elmqvist, B. Anderssons Eftr. Fågel & Vilt, samtliga på Östermalmshallen i Stockholm för "glada miner" när vi fotograferade där.
Restaurang Tenan, Grand hotel och restaurang Drott på Marstrand för gott tålamod.
Arvidsons fisk och bröderna Sakelariu på Marstrand.
Alla mina vänner och min familj som tålmodigt lyssnat på mina texter, idéer och recept.
Till sist Nikko Amandonico som med oförtröttlig assistans av Nicola Mazza gjort boken till vad den är!

Monika Ahlberg

NESCAFÉ
LYX
MÖRKROST
OF PICCADILLY
TEA
Herbes de Provence